
KOMMUNIKATION – KRISTALLKLAR

IHRE BRÜCKE ZUM KIND

mit Herz … und Verstand!

KOMMUNIKATION – KRISTALLKLAR

IHRE BRÜCKE ZUM KIND

mit Herz … und Verstand!

ROBIN TICIC

Deutsche Fassung von ZACH DAVIS

© 2007 Robin Ticic
KommunikationsMatrix © Robin Ticic 2003, überarbeitet 2005

Nachdruck, auch auszugsweise, nur mit schriftlicher Genehmigung der Autorin. Die Verwendung in anderen Medien, Seminaren oder Vorträgen ist verboten.

Dieses Buch dient als Ratgeber und ersetzt keine Psychotherapie oder ärztliche Behandlung. Der Inhalt wurde sorgfältig recherchiert. Dieser bleibt jedoch ohne Gewähr für Richtigkeit oder Vollständigkeit.

Bibliografische Information der Deutschen Nationalbibliothek:
Die Deutsche Nationalbibliothek verzeichnet diese Publikation in der Deutschen Nationalbibliografie; detaillierte bibliografische Daten sind im Internet über http://dnb.d-nb.de abrufbar.

Herstellung und Verlag:
Books on Demand GmbH
Gutenbergring 53, 22848 Norderstedt

Cover: Berkan Sezer, cross-media-online.de

ISBN 978-3-8370-0294-2

Für Jesse,

für den ich diese Reise vor vielen Jahren begann

DAS SAGEN DIE EXPERTEN

„Die Stimme der Autorin erreicht den Leser auf eine ruhige, unaufdringliche, für den Laien verständliche Art, in dem sie sagt „Lassen Sie mich Ihnen helfen. Ich bin auf Ihrer Seite und verstehe, was Sie durchmachen, mir ging es genauso."
– *Joan Harris Burgett, Tagesstättendirektorin und -programmleiterin, Nevada, U.S.A.*

„Dieses Buch zeigt, dass Eltern sowohl das Recht als auch die Verantwortung haben, ihren Kindern Bedingungen und Grenzen zu setzen. Die KommunikationsMatrix stellt deutlich dar, wie Eltern und Kinder miteinander interagieren. Robin Ticic entwickelt einige der Ideen von Thomas Gordon über aktives Zuhören einen Schritt weiter. Mit der KommunikationsMatrix können Eltern ihre Kinder bei der Entfaltung ihrer Fähigkeiten effektiver begleiten."
– *Dr. med. Maurits Stakenburg, Neurophysiologe, Therapeut, Amersfoort, Niederlande*

„Kindliche Verhaltensstörungen aufgrund von gestörter familiärer und sozialer Interaktion sind ein häufiges Problem in der täglichen kinderärztlichen Praxis. Ein Selbsthilfeprogramm für Eltern und Erzieher zur eindeutigen und trotzdem verständnisvollen Kommunikation ist ein hervorragend geeignetes Instrument, die konflikthafte Situation zu verbessern."
– *Roman Meyer, Kinderarzt, Much, NRW*

„Sofort habe ich mich in die Beziehung ‚Eltern-Kind' oder auch ‚Lehrer-Schüler/in' hinein versetzen können. Mir gefällt insbesondere der Begriff ‚Matrix', da er aus dem mathematischen Bereich kommt, wenn er auch hier verallgemeinert wird. Die farbige KommunikationsMatrix ist zudem sehr anschaulich, und die Einordnung eines Problems in den jeweiligen farblichen Bereich lässt sicherlich eine schnelle, zielgerichtete Lösung möglich erscheinen. Durch die zahlreichen Beispiele von häuslichen oder schulischen Situationen, von Ich-Botschaften, Fragen, Antworten und Lösungsmöglichkeiten u.a. kann sich der Leser schnell in die jeweilige Situation einfinden, und es wird die Theorie verständlich."
– *Siegfried Westermann, Realschulrektor i.R., St. Augustin bei Bonn*

„Der Grundgedanke dieses Buches erinnert mich an den großen Pädagogen und Arzt Janusz Korczak: jedes Kind hat ein Recht auf Würde und Respekt. Das vorliegende Buch ist empfehlenswert sowohl für Eltern als auch für Menschen, die sich beruflich mit der Erziehung von Kindern und Heranwachsenden beschäftigen. Es trägt in verständlicher Weise zur Bewusstmachung interaktiver Prozesse bei und strahlt wohltuenden Optimismus aus."
– *Mechthild Bökler, Schulleiterin, Pulheim bei Köln*

„Was mir entgegen kommt ist die Tatsache, dass den Eltern Mut gemacht wird, für ihre Kinder als Gegenüber präsent zu sein, statt sich, wie wir es in unserer Arbeit doch immer wieder erleben, im Verlauf der Jahre still und resignierend aus der Erziehung zurück zu ziehen. Dazu zählt auch, dass häufiger darauf hingewiesen wird, dass es nicht die großen Durchbrüche und Ereignisse sind, die man erwarten sollte, sondern dass man stattdessen die kleinen Schritte, die das alltägliche Zusammenleben und den Umgang mit unseren Kindern kennzeichnen, als wesentlich schätzen sollte."
– Hans-Josef Neu, Diplom-Psychologe, Erziehungs- und Familienberatungsstelle des Rhein-Sieg-Kreises, Siegburg bei Bonn

„Eine eindrucksvolle und erstaunlich klare Methode, mit Kindern zu kommunizieren. Je mehr Eltern dieses Buch lesen, desto besser."
– Zach Davis, Bestseller-Autor, Referent, Trainer für PoweReading, nachhaltige Effektivitäts-Systeme und Leadership Kommunikation, München

„Eine gut strukturierte Kommunikation mit den Ihnen anvertrauten Kindern ist die wichtigste Grundlage für gewaltfreie Erziehung. Dazu kann dieses Buch sehr gut beitragen."
– Heinz Hilgers, Präsident des Deutschen Kinderschutzbundes, Hannover

„Die KommunikationsMatrix ist großartig! Sie beschreibt auf einfache Weise komplexe Beziehungen und Zusammenspiele. Ich weiß nun, wo ich bin, wo ich hin möchte und wie ich dort hingelange."
– Loredanna Xuereb, Wissenschaftlerin und Consultant, Medizinische Forschung, Melbourne, Australien

„Robin Ticic besitzt eine außergewöhnliche Fähigkeit, nicht nur klare Eltern-Kind Kommunikation zu vermitteln, sondern auch die Balance zwischen Herz und Verstand, die für das emotionale Wohl der Familie entscheidend ist. In ihren leicht zu lernenden Methoden steckt viel Weisheit. Ich hoffe, dass Eltern überall dieses Buch lesen und anwenden."
– Bruce Ecker, M.A., Psychotherapeut, Co-Entwickler von Coherence Therapy, Co-Autor von Depth-Oriented Brief Therapy, Kalifornien, U.S.A.

„Fesselnd und besonders einsichtsvoll geschrieben macht es Freude, dieses Buch zu lesen. Mit wertvollen und klugen Anleitungen für die Praxis weist es liebevollen Eltern einen Weg, wie man Kommunikationsprobleme löst, mit denen man sich bei der wohl wichtigsten Lebensaufgabe - der Fürsorge und Erziehung von heranwachsenden Kindern – unweigerlich auseinander zu setzen hat."
– Dr. med. Herbert J. Keating III, Professor der klinischen Medizin, School of Medicine, University of Connecticut, U.S.A.

„Emotionen haben tief greifende Auswirkungen auf unsere körperliche und seelische Gesundheit. Diejenigen zu beschimpfen, die uns nahe stehen und sich über sie aufzuregen, kann zu Kopfschmerzen, Magenschmerzen und anderen Beschwerden führen. Frau Ticic stellt uns hier einen intelligenten, systematischen, ganzheitlich ausgerichteten Ratgeber zur Verfügung, der uns durch das Labyrinth von Kommunikationsfallen, in die wir alle geraten können, einen Weg bahnt. Den Eltern werden entscheidende Fähigkeiten vermittelt, so dass sie sich nicht mehr zwischen Entscheidungen des Kopfes und denen des Herzens entscheiden müssen. Ein absolutes Muss!"
– *Dr. med. Elizabeth Lee Vliet, Gründerin eines Gesundheitszentrums für Frauen und Bestseller-Autorin vieler Gesundheitsbücher für Frauen, Arizona, U.S.A.*

DAS SAGEN LESER

„Die Aufgaben waren einfach zu verstehen und anzuwenden."
– Mutter, 27 J., 1 Sohn

„Ich mochte den Humor, der ein schwieriges Thema erträglicher macht."
– Vater, 55 J., 3 Töchter

„Diese Methoden haben mir mit sehr viel mehr Deutlichkeit vermittelt, wie man mit den alltäglichen Problemen zwischen den Kindern und mir umgeht."
– Mutter, 31 J., 2 Töchter, 1 Sohn

"Ich habe das Gefühl, nun viel besser in der Lage zu sein, mit meinen Kindern auf eine Art und Weise zu kommunizieren, die mich stolz macht, und ich hoffe, dass sie diese Fähigkeit an ihre eigenen Kinder eines Tages weitergeben werden."
– Mutter, 39 J., 2 Söhne, 2 Töchter

„Die vielen Beispiele und wahren Begebenheiten helfen mir, meine eigenen Schlüsse zu ziehen über das, was uns hilft und was nicht."
– Mutter, 49 J., 1 Tochter

„Obwohl das Buch jahrelange Erfahrungen vermittelt und mit viel Verständnis geschrieben ist, kam bei mir nie das Gefühl auf, von all den Informationen überwältigt oder mit dem Inhalt überfordert zu werden. Der Schreibstil ist direkt und deutlich."
– Mutter, 42 J., 1 Sohn, 2 Pflegekinder

"Ich war von der KommunikationsMatrix wirklich beeindruckt und kann nun die Dynamik in unserer Familie besser verstehen."
– Mutter, 46 J., 1 Sohn, 1 Tochter

„Als Vater ist es für mich das erste Buch über dieses Thema, das wirklich Sinn macht. Es ist einfach anzuwenden und führt tatsächlich zu Ergebnissen."
– Vater, 42 J., 2 Söhne

„Ich finde, dass ich hier wirklich auf intelligente Weise die Gefühle meiner Kinder und ihr Verhalten sowie meine eigenen Empfindungen verstehen lerne."
– Mutter, 34 J., 2 Söhne

INHALT

VORWORT 13

DANKSAGUNG 17

EINFÜHRUNG: EIN BESTMÖGLICHER ELTERNTEIL WERDEN 19

DAS FUNDAMENT LEGEN 21

   1. GEFRUSTET? 21

   2. DIE KOMMUNIKATIONSMATRIX© 31

EINE POSITIVE BEZIEHUNG AUFBAUEN 49

   3. ALLES IM GRÜNEN BEREICH 49

   4. WAS ERZÄHLT IHNEN IHR KIND WIRKLICH? 57

   5. WAS ERZÄHLEN SIE IHREM KIND? 69

IHREM KIND MIT SEINEN PROBLEMEN HELFEN 79

   6. WARUM ZUHÖREN, WENN IHR KIND EIN PROBLEM HAT? 79

   7. WIE SIE ZUHÖREN, SODASS IHR KIND REDEN WILL 89

SICH SELBST BEI PROBLEMEN HELFEN 111

   8. WARUM IHREM KIND IHR PROBLEM MITTEILEN? 111

   9. WIE SIE REDEN, SODASS IHR KIND ZUHÖREN WILL 123

GEMEINSAME PROBLEME LÖSEN 139

   10. KONSTRUKTIV MIT KONFLIKTEN UMGEHEN 139

FAZIT: DAS ENDE DES ANFANGS 157

ANHANG 1. PRAKTISCHE PROBLEMLÖSUNGSMETHODEN 159

ANHANG 2. HÄUFIG GESTELLTE FRAGEN 163

ANHANG 3. KINDER BENOTEN IHRE ELTERN 167

VORWORT

Als Robin Ticic mich um ein Vorwort zu diesem Buch bat, kannte ich sie schon seit längerem.

Sie hatte sich viele Jahre zuvor hilfesuchend an mich gewandt in einer komplexen und ziemlich verfahrenen Erziehungssituation, die sie in ihrer Familie durchmachte. Beim Versuch, Wege und Lösungen zu finden, war sie in genau die Art von Ratlosigkeit geraten, die uns als Eltern nur allzu vertraut ist, wenn wir mit unseren Kindern durch die Turbulenzen der Teenager-Jahre steuern.

Bereits damals, in unserer gemeinsamen Arbeit, beeindruckten mich an ihr einige der Fähigkeiten und Eigenschaften, die sie auch auf den folgenden Seiten erläutern wird: ihre Fähigkeit, genau zuzuhören, zu erspüren und sich einzufühlen, zu erforschen und dabei sowohl ihre eigene, als auch die Motivlage des Anderen zu erkennen, ihre Geduld, ihre erstaunliche Resilienz sowie schließlich ihr gut begründeter (d.h. nicht naiver) und im besten Sinne ansteckender Optimismus. Dieser Optimismus durchzieht dieses Buch wie ein roter Faden. Er ist wahrscheinlich, wenn man so will, ein erzieherischer Wirkfaktor allerersten Ranges.

Während meiner zurückliegenden Berufsjahre nahm die Anzahl der Publikationen von Erziehungs-Ratgebern flutartig zu. Meist war deren autoritative Halbwertzeit knapp bemessen. Um es vorwegzunehmen: Ich wünsche diesem Buch, dass es uns eine lange Wegstrecke begleiten wird und dass ihm die lange Wirkdauer und Anerkennung zuteil wird, die es verdient.

Zwei Gründe lassen sich hierfür anführen.
(1) *Inhaltlich*: Die hier propagierte „strategische Erziehungshaltung" ist solide begründet im gegenwärtigen Wissensstand zur Entwicklungspsycho-(patho)logie und zur Entwicklung von Bindungsbeziehungen. Auch die Befunde aus dem Bereich der Resilienzforschung (Resilienz als die Fähigkeit, sich wiederaufzurichten und zu behaupten auch unter widrigen Umständen),

sowie unser Wissen über den Erwerb von Bewältigungs-Kompetenzen und deren Auswirkungen auf unsere spätere soziale Kompetenz – das hier vorgeschlagene, erzieherisch-kommunikative Modell bewegt sich auf Augenhöhe mit diesen Hintergrund-Informationen, die implizit darin eingehen.

Da Robin Ticic aus Gründen der Lesbarkeit diese Befunde nicht ausdrücklich erwähnt, möchte ich diesen Aspekt zumindest an einem Beispiel kurz erläutern (es ließen sich viele weitere anfügen): Im zweiten Kapitel argumentiert sie überzeugend für die Schaffung eines „grünen Bereichs" – den Aufbau einer positiven Beziehung. Wie wir heute wissen, beruhen die späteren Fähigkeiten, Probleme im Beziehungskontext lösen zu können, sowie Selbstvertrauen und Eigenverantwortlichkeit, entscheidend auf der Vorerfahrung einer gelungenen (d.h. im Kern positiven) Primärbeziehung. Ebendiese Fähigkeiten sind es, die wir in unseren Kindern fördern wollen. Diese positiven Beziehungserfahrungen sammeln und horten wir, während wir uns gemeinsam im „grünen Bereich" bewegen, und sie statten uns aus mit einer Art emotionalem Depot-Polster für schwere (Beziehungs-)Zeiten, die unvermeidlich kommen. Für diesen Vorrat gibt es keinen Ersatz. Ohne ihn verfügen wir nicht über den Proviant, um Konflikte durchzustehen. In der Forschung geht man davon aus, dass in diesen Zeiten positiver Verbundenheit sich eine für ein gedeihliches Zusammenleben entscheidende kommunikative Fähigkeit aufbaut: die Fähigkeit zur „Mentalisierung" und zur Selbstreflexion. Sie zeichnet sich dadurch aus, dass wir auch unter dem Stress zwischenmenschlichen Konflikts nicht unsere Fähigkeit zur Selbstregulation und Aufmerksamkeit, die Fähigkeit, uns in den anderen zu versetzen, oder unsere Impulskontrolle einbüßen. Diese Fähigkeiten werden von Anbeginn unseres Lebens durch unsere primären Bindungspersonen geformt – vor allem durch das „regelnde" Handeln unserer Eltern bei gemeinsamen, positiv gestimmten Aktivitäten. Während der frühen Jahre müssen diese positiven, gemeinsamen „States" (Befindlichkeiten) von den Eltern laufend überwacht und gehegt werden, damit sie erlernt werden und sich in den Kindern als „Traits" (d.h. als persönliche Eigenschaften der Selbstregulation) in eigener

Regie verfestigen können. Misslingt dies, so verfehlen wir die Weitergabe dieser basalen Fähigkeit an die nachfolgende Generation.

Dass es sich hierbei um keine leichte Aufgabe handelt, verschweigt Robin Ticic in keiner Weise. Sie wiegt uns nicht in der Illusion, dass wir bei diesem Job mit jeder Menge Spaß belohnt werden. Sie verdeutlicht, dass es Kraft und Zeit kostet – wie wir wissen, für viele Eltern ein knappes Gut. Aber sie lässt auch keinen Zweifel daran, dass die Investition von Zeit *jetzt* uns erstens viel Zeit erspart, die wir *später* würden aufwenden müssen, um uns dann um die möglichen Schäden zu kümmern, und zweitens, dass aus dem Gelingen dieses Projekts ein unersetzbarer Gewinn an qualitativer, gemeinsamer Lebenszeit folgt. Sparen am Erziehungszeit-Budget zahlt sich also langfristig nicht aus. Verbringen wir also „gute Zeit" mit unseren Kindern, sorgen wir damit für „schlechte Zeiten" vor.

Und schlechte Zeiten beschert uns das Leben, wie wir wissen, immer wieder. Das ist die Kehrseite und natürlich wurde dieses Buch vor allem für diese geschrieben: wenn die Dinge und unsere Selbstbeherrschung zu entgleisen drohen. Für diesen, wie Robin Ticic es nennt, „gelben" und „roten" Bereich erörtert sie eine Fülle von alltäglichen Krisen und Katastrophen überzeugend, klar und souverän, um ihre Argumentation zu verdeutlichen. Besonders überzeugend ist hierbei die

(2) *Didaktische* Darstellung: Robin Ticic vermittelt den Eindruck: Es ist machbar ohne zu simplifizieren (dies im Gegensatz zu so manchen Anleitungen mit dem Gestus: „Du-kannst-es-schaffen-wenn-Du-es-nur-versuchst"). Sie ist sich sehr wohl der Tatsache bewusst, dass wir für manche Situationen mitunter keine Lösung finden werden aber dass wir viele Situationen meistern können, in denen wir ohne einen Kompass zur raschen Orientierung in einer kommunikativen Sackgasse gelandet wären.

Sie bezeichnet diesen Kompass als eine „KommunikationsMatrix" zur raschen Orientierung bei der Einschätzung und Lösung interpersoneller Konflikte. Hier findet sich die argumentative Pointe des Buches. Und auch hier zeigt sich eine Übereinstimmung dieser gut handhabbaren Strategie mit

Ergebnissen aus der Bindungsforschung, vor allem im Hinblick auf den Erwerb der Fähigkeit, in angemessener Zeit zu problemangepassten Entscheidungen zu gelangen. Glücklicherweise üben wir diese in der Erziehung wichtige Fähigkeit meist aus, ohne es zu bemerken. Wenn die Dinge jedoch kommunikativ entgleisen, ist es zuvorderst unsere Aufgabe als Eltern, sie *zügig* wieder aufs richtige Gleis zu setzen. Das richtige „Timing" ist zwar nicht alles, aber promptes Handeln unsererseits ist oft entscheidend für den Ausgang. Bei dieser Aufgabe der zügigen Entscheidungsfindung und ebensolchen Handelns kann das Modell der „KommunikationsMatrix" von großem Nutzen sein, um eine hilfreiche Reduktion von Komplexität im oft unübersichtlichen Gestrüpp zu schaffen. Diese Reduktion wird mit sehr gut nachvollziehbaren Beispielen veranschaulicht.

Die gute Passung dieser Beispiele mit dem Matrix-Argument ist der überzeugende Vorzug dieses Buches. Eine in sich schlüssige, glasklare Anleitung, die ich gerne Eltern empfehlen werde, die sich in ihrer Ratlosigkeit, was sie mit ihrem „schwierigen" Kind tun sollen, oder wie sie aus einer Beziehungs-Sackgasse herausfinden können, an mich wenden.

Michael Naumann-Lenzen, Psychotherapeut für Kinder und Jugendliche

DANKSAGUNG

Einer der schönen Nebeneffekte beim Verfassen eines Buches ist die Gelegenheit, öffentlich Dank auszusprechen.

Einen riesen Dank an meinen Mann John für seine zuverlässige, liebevolle Unterstützung und seine bedingungslose Akzeptanz meiner Person so, wie ich bin.

Ich danke meinen Söhnen Zach, Jesse, Gustavo und Jhon Alex dafür, meine Lehrer zu sein. Von ihnen habe ich gelernt, dass meine Mühen, eine zunehmend bessere Mutter zu werden, eine lohnende Investition gewesen sind.

Dank und Respekt verdienen die zahlreichen Personen, die mir über die Jahre hinweg vertraut haben, ihnen zu helfen und mir erlaubt haben, an ihrem Gefühlsleben teilzunehmen.

Für die Beiträge, die zu grundlegenden Überzeugungen und Prinzipien meiner Arbeit und meines Leben geführt haben, bin ich einigen Personen zu Dank verpflichtet: Dr. Thomas Gordon hat während seiner Lebenszeit einige der wichtigsten Aspekte der Psychotherapie in eine für Eltern nutzbare Form gebracht. Bruce Ecker und Laurel Hulley haben mich mit ihrer Arbeit im Bereich der Coherence Therapy, einer nicht-pathologisierenden Herangehensweise der Psychotherapie, stark beeinflusst.

Speziell in Bezug auf dieses Buch danke ich John, Zach und meiner Schwester Elise Kushner für die intensive Zusammenarbeit. Darüber hinaus danke ich meinen Freunden und Kollegen Claudia Caspers, Michael Naumann-Lenzen, Gerlinde Olef, Birgit Schöppe-Mohs, Ralf Schöppe, Alice Schwettmann, Stefanie Würtz, meiner Nichte Juliana Kushner und insbesondere Sabine Richard für ihre Beiträge und Unterstützung bei der Vorbereitung der deutschen Ausgabe.

EINFÜHRUNG: EIN BESTMÖGLICHER ELTERNTEIL WERDEN

„Ich rede permanent gegen die Wand!"

„Wie setze ich meinem Kind an der richtigen Stelle Grenzen?"

„Wir streiten immer wieder über den Umgang mit unseren Kindern."

„Ich komme mir wie der Familiensklave vor! Auch ich habe Bedürfnisse und Wünsche."

Kennen Sie manche dieser Situationen? Haben Sie die Konflikte und Missverständnisse satt? Als Mutter von vier Jungs weiß ich, wie sich dies anfühlen kann! Dabei sollten wir doch die Zeit mit denjenigen, die uns am meisten bedeuten, genießen – oder? Was können wir tun, um die Weichen für eine bessere Richtung zu stellen? Wie wäre es, eine Schritt-für-Schritt-Anleitung für eine solche Verbesserung zu haben?

Als Mutter und als Psychologin habe ich viele Jahre damit verbracht, Abläufe zwischen Eltern und Kindern zu analysieren. Gemeinsam werden wir uns eine Fülle an Beispielen aus der Praxis sowie deren Muster und zu Grunde liegenden Gewohnheiten anschauen. Wir werden zusammen eine bewährte Methode erforschen, die den Weg durch solche Dilemmas aufzeigt. Sie, wie viele andere Eltern, mit denen ich die Gelegenheit gehabt habe zu arbeiten, werden mehr Klarheit im Umgang mit typischen „Problemsituationen" und dem alltäglichen Miteinander in der Familie finden können.

Wenn Ihr Sohn sich beispielsweise weigert, seine Hausaufgaben zu machen oder Ihre Tochter ihr Zimmer nicht aufräumen will, was können Sie tun? Wir werden uns Möglichkeiten anschauen, solche Konflikte zu lösen. Sie werden Methoden kennen lernen, die Sie von einer spezifischen Situation verallgemeinern und somit systematisch auf andere Situationen übertragen können, sobald Sie die Parallelen erkennen. Stellen Sie es sich wie ein allumfassendes Kochbuch vor, das so klar und ausführlich ist, dass Sie praktisch jedes Gericht damit zusammenstellen können!

Sie werden merken, dass Sie als Elternteil entspannter werden. Probleme werden nicht mehr so überwältigend erscheinen, weil Sie eine viel bessere Vorstellung haben, wie Sie mit diesen umgehen können. Das Elternsein wird erfüllender und weniger stressbeladen. Die Kommunikationsweise zwischen Ihren Kindern und Ihnen wird konstruktiver. Sind Sie bereit? Auf zu einer wunderbaren gemeinsamen Reise!

DAS FUNDAMENT LEGEN

1. GEFRUSTET?

Willkommen im Land des Elternseins! Sie haben bereits den ersten Schritt in eine hilfreiche Richtung unternommen: Sie haben festgestellt, dass irgendetwas besser laufen könnte. Es ist völlig normal, im Familienleben auf Schwierigkeiten zu stoßen. Es ist unvermeidlich. Wichtig ist nur, *wie* Sie mit diesen Schwierigkeiten umgehen. Können Sie in einer Weise reagieren, die die Beziehung zu Ihrem Kind sogar verbessert?

Probleme besitzen mindestens eine gute Eigenschaft: Eltern bekommen dadurch fast immer eine zweite Chance (und eine dritte und vierte …), es anders anzugehen. Die Probleme, die in einer Familie auftauchen, sind oft wiederkehrend. Sonst würden Sie diese vermutlich auch nicht als Probleme einstufen.

Wie Sie das Maximale aus diesem Buch herausholen

Es gibt viele praktische Übungen, die über dieses Buch verteilt sind. Je intensiver Sie diese Gelegenheiten nutzen, desto mehr werden Sie und Ihr Kind profitieren. Es gibt kein „richtig" oder „falsch". Was für eine Person richtig ist, ist nicht zwangsläufig auch für eine andere Person richtig.

Die Vorgehensweisen, die ich in diesem Buch präsentiere, haben bei mir und vielen anderen Eltern gut funktioniert. Geben Sie diesen eine faire Chance und bilden Sie sich eine eigene Meinung darüber, was Ihnen hilft.

Woher wissen wir, ob jemand ein Problem hat?

Nehmen wir an, Sie haben das Gefühl, dass Ihr Kind bedrückt ist. Oft haben wir nicht die leiseste Vorstellung, was die Ursache sein könnte, aber wir spüren, dass irgendetwas nicht stimmt. Was sind mögliche Anzeichen hierfür? Nehmen Sie sich einen kurzen Moment Zeit, um einige Möglichkeiten zu notieren, die ein Anzeichen darstellen könnten. Wenn Ihr Kind beispielsweise sonst recht gesprächig ist und plötzlich ganz still wird, kann dies auf ein Problem hindeuten. Ein „Problem" kann in diesem Zusammenhang alles von einem leichten Unwohlsein bis hin zu einer wirklich gewichtigen Sache sein.

Wie ich feststelle, dass mit meinem Kind gerade etwas „nicht stimmt":

    1.

    2.

    3.

    4.

    5.

    ...

    ...

    ...

Hier sind ein paar Anzeichen, dass vielleicht gerade etwas mit einem Kind nicht in Ordnung ist:

DAS FUNDAMENT LEGEN

Körpersprache:
    hängende Schultern, langsamere Bewegungen als sonst
Gesichtsausdruck:
    wirkt traurig, sorgenvoll, ängstlich, abgelenkt
Geistige Fähigkeiten:
    Konzentrationsschwierigkeiten, geringere Merkfähigkeit
Emotionen:
    aggressiv, zurückgezogen, traurig, ängstlich, leicht reizbar
Physische Signale:
    Änderung des Schlafmusters, Änderung der Toilettengewohnheiten, essen oder trinken anders als sonst
Verbale Kommunikation:
    gesprächiger oder weniger gesprächig als sonst, lauter oder leiser als gewöhnlich

Und was ist mit der Situation, in der mit Ihrem Kind alles in Ordnung zu sein scheint, aber Sie fühlen sich von irgendetwas gestört? Es gibt oft Warnsignale, bevor Sie überhaupt wissen, was Sie genau stört. Notieren Sie ein paar Veränderungen, die Sie bei sich selbst bemerken könnten, wenn sich eine schwierige Situation ankündigt.

Wie ich merke, dass bei mir selbst gerade etwas „nicht stimmt":

    1.
    2.
    3.
    4.
    5.
    ...
    ...
    ...

Hier sind ein paar Merkmale, die ich an mir selbst feststelle, wenn mich etwas stört: Ich habe weniger Geduld als sonst, bin weniger konzentriert, habe eine Tendenz, weniger diplomatisch zu sein, als ich sein sollte oder Kleinigkeiten frustrieren mich. Eine Freundin von mir sagt, dass sie oft den vagen Eindruck hat, dass irgendetwas Bedrohliches über ihr hänge, wenn sie sich unwohl fühlt. Jeder Mensch hat etwas unterschiedliche Neigungen. Solche Übungen durchzuführen kann uns jedoch helfen, die Anzeichen unserer persönlichen „roten Knöpfe" zu erkennen. Die speziellen Gegebenheiten einer Situation spielen natürlich auch eine Rolle. Beispielsweise ist es unwahrscheinlicher, dass das schlechte Wetter mich stört, wenn ich gerade im Büro sitze, als wenn ich mich auf eine Aktivität im Freien freue. Sich solcher Unterschiede bewusst zu sein, kann schon der erste Schritt sein, Schwierigkeiten zu minimieren.

Was ist das Problem?

Wir haben jetzt betrachtet, wie wir feststellen können, dass eine Person möglicherweise ein Problem hat. Bei dieser Person kann es sich um unser Kind, um uns selbst oder vielleicht um beide handeln. Was ist aber geschehen – oder gerade nicht geschehen – das zu diesem Zustand geführt hat?
Bitte nehmen Sie sich einen Augenblick Zeit, um sich ein konkretes Problem, das *Sie* hatten, in Erinnerung zu rufen. Gab es etwas, das Sie gebraucht hätten, aber nicht bekommen haben? Oder wollten Sie etwas, das Ihnen nicht vergönnt war? Dieses „Etwas" beschränkt sich nicht nur auf Greifbares oder Materielles. Es kann sich auch um den Schlaf handeln, den Sie dringend brauchen, wenn Sie todmüde sind oder den guten Zuhörer, den Sie sich nach einem schwierigen Tag wünschen.

Denken Sie jetzt zurück an eine Situation, in der Ihr Kind ein Problem hatte. Was hat Ihrem Kind gefehlt? Stand irgendetwas zwischen Ihrem Kind und seinen Bedürfnissen oder Wünschen? Vielleicht hatte Ihr Kind Hunger und das Essen war noch nicht fertig. Möglicherweise waren keine Spielkameraden in der Nähe.

DAS FUNDAMENT LEGEN

Ich besitze mehr Klarheit in Bezug auf mich selbst, wenn ich beispielsweise zwischen einem Mangel an Geduld und der Erkenntnis, dass ich schon viele Stunden nichts Ordentliches gegessen habe, unterscheiden kann. Das Erste ist ein Zeichen, dass bei mir etwas nicht ganz stimmig ist. Das Zweite ist ein grundlegendes Bedürfnis, das nicht erfüllt wird.

Ich definiere ein Problem gerne als *eine Situation, in welcher die Bedürfnisse oder Wünsche einer Person nicht erfüllt werden*. Denken Sie an eine konkrete Situation, in der Sie sich unwohl gefühlt haben. Probieren Sie diese Definition eines „Problems" darauf anzuwenden – eine Situation, in der Ihre Bedürfnisse oder Wünsche nicht erfüllt wurden – und prüfen Sie, wie gut diese Definition für Sie passt.

Grundbedürfnisse

Hier ist eine weitere nützliche Übung: Machen Sie sich eine Liste aller unterschiedlichen Kategorien von Bedürfnissen, die Ihnen einfallen. Notieren Sie anschließend, ob Sie der Meinung sind, dass diese nur für Kinder, nur für Erwachsene oder für beide relevant sind. Zum Beispiel brauchen wir Nahrung. Wir brauchen auch Kontakt zu anderen Menschen (diesbezüglich gibt es zugegebenermaßen deutliche Unterschiede!)

Bedürfnisse:	*Kinder?*	*Erwachsene?*
1. Nahrung	x	x
2. Soziale Kontakte	x	x
3.		
4.		
5.		
6.		
7.		

8.

9.

10.

...

...

...

...

...

Vielleicht fällt auch Ihnen etwas auf, das viele Teilnehmer in meinen Elternkursen feststellen: Eltern und Kinder haben in Bezug auf ihre Grundbedürfnisse sehr viele Gemeinsamkeiten. Natürlich haben wir und unsere Kinder nicht immer dasselbe Bedürfnis zur selben Zeit – beispielsweise wenn ein Baby um 4 Uhr morgens mit den Eltern spielen will und die Eltern schlafen wollen. Dann entstehen Konflikte.

Über menschliche Grundbedürfnisse und ihre grundlegenden Prioritäten ist viel geschrieben worden. Das vermutlich bekannteste Modell wurde von Abraham Maslow entwickelt. Beispielsweise gibt es grundlegende biologische Bedürfnisse des Lebenserhalts wie Wasser, Nahrung, Schlaf und Luft. Wenn ein lebensnotwendiges Bedürfnis nicht erfüllt wird, was passiert mit anderen Bedürfnissen, die nicht ganz so dringend sind? Sie verlieren sich im Hintergrund. Wenn Sie nicht atmen können, dann werden Sie nicht viele Gedanken auf irgendetwas anderes verwenden!

Nur wenn diese lebensnotwendigen Bedürfnisse erfüllt sind, beschäftigen sich Menschen mit anderen Kategorien von Bedürfnissen, die ebenfalls sehr wichtig sind, aber nicht unmittelbar dringend: Sicherheit in Bezug auf den eigenen Körper, die eigene Familie, das eigene Heim. Diese Erkenntnis hilft zu verstehen, weshalb jemand beispielsweise seine Sicherheit riskieren würde, um etwas zu essen zu bekommen.

Eine weitere Kategorie von Bedürfnissen beinhaltet Liebe, Zugehörigkeit, Akzeptanz. Wiederum ist es gewöhnlich so, dass die vorherige Stufe erfüllt sein muss, bevor man seine Aufmerksamkeit der nächsten (weniger dringlichen) Ebene widmet. Wenn eine Familienumgebung beispielsweise von Missbrauch geprägt ist, kann ein Kind nur schwer das Gefühl entwickeln, geliebt und akzeptiert zu sein.

Hier ist ein Beispiel anderer Art, das aber denselben Aspekt verdeutlicht. Mein Mann und ich waren mal in einem Abenteuerpark. Wir waren auf einer riesigen Schiffschaukel, die immer stärker hin und her schwang, sodass ich meinte, sie würde sich irgendwann überschlagen und wir würden alle herausfliegen. Plötzlich hatte ich Todesangst. Mein Mann, in einem Versuch mich zu beruhigen, sagte, dass er mich liebt. Ich habe ihn aus voller Kehle angeschrien: „Ist mir *egal!*" (Genau genommen habe ich mich noch bildhafter ausgedrückt.) In diesem Moment, voll Angst um mein Leben, war mir seine Botschaft der Liebe wirklich egal!

Entwickeln wir dieses Konzept einen Schritt weiter: Wenn ein kleines Mädchen nicht erfahren hat, wie es ist, geliebt und akzeptiert zu werden, wie kann es dann Selbstbewusstsein und Respekt (eine weitere Ebene menschlicher Bedürfnisse) für sich selbst entwickeln?

Ein Überblick zu den vier beschriebenen Kategorien von Bedürfnissen:

    4. *Selbst*-Achtung
   3. Liebe, *Zugehörigkeit*, Akzeptanz
  2. *Sicherheit* (Körper, Familie, Heim)
 1. Biologische *(Über-)Lebens*voraussetzungen

Ein solches Modell finde ich bei der Betrachtung von Menschen und deren Problemen sehr hilfreich. Wir stellen oft fest, dass das sichtbare „Problem" eigentlich eine Folge der Nichterfüllung von Bedürfnissen auf einer grundlegenderen Ebene ist. Ein Kind, das auf dem Schulhof um seine körperliche Sicherheit fürchtet, findet vermutlich seine Leistung im Unterricht weniger wichtig. Einem Kind, das einen Diebstahl begeht, trotz des Wissens, dass das nicht richtig ist, fehlt vielleicht etwas Grundlegenderes als moralische Standards.

Verallgemeinernde Modelle dieser Art helfen uns, Gesamtzusammenhänge zu verstehen. Ebenso wichtig jedoch ist die Tatsache, dass Menschen individuell verschieden sind. Unsere Bedürfnisse unterscheiden sich, selbst wenn es um solch grundlegende Bedürfnisse wie Schlaf und Essen geht. Auch wenn für manche Personen fünf Stunden Schlaf völlig ausreichen, benötigen die meisten hingegen wesentlich mehr, um sich ausgeschlafen zu fühlen.

Zielsetzungen beim Elternsein

Wie hängt das Thema der menschlichen Bedürfnisse mit unseren Zielen als Eltern zusammen? Was sind überhaupt unsere Ziele als Eltern? Natürlich wollen wir, dass unsere Kinder glücklich, produktiv, gesetzestreu usw. sind. Die Liste könnte leicht sehr lang werden. Bitte nehmen Sie sich einen Moment Zeit und notieren Sie Ihre wichtigsten Ziele, die Sie für Ihre Kinder erreichen wollen.

Was ich für meine Kinder möchte:

      1.

      2.

      3.

      4.

      5.

      ...

      ...

Wenn ich an den Bereich der Bedürfnisbefriedigung denke, fällt mir eine ziemlich simple Zielsetzung für meine eigenen Kinder ein: *Ich möchte sie in die Lage versetzen, ihre eigenen Bedürfnisse und Wünsche zu erfüllen und gleichzeitig zu respektieren, dass andere Menschen das Recht besitzen, dasselbe für sich zu tun.* Ich hoffe, dass dies auch für Sie ein nützlicher Denkrahmen wird.

Klare Kommunikation

Wir haben dieses Kapitel mit der Frage „Gefrustet?" begonnen. Wenn es zwischen einer anderen Person und einem selbst kein Problem gibt, dann ist es gewöhnlich auch nicht von entscheidender Bedeutung, über die Art und Weise der Kommunikation nachzudenken. Die Kommunikation fließt einfach. Wenn hingegen Probleme auftauchen, kann es extrem hilfreich sein, das gesprochene Wort und das Zuhören zu analysieren.

Wie effektiv kommunizieren wir mit unseren Kindern? Was bedeutet „effektiv" in diesem Zusammenhang überhaupt? Allzu oft meint die eine Person etwas Bestimmtes, während die andere Person etwas völlig anderes versteht, als beabsichtigt war. Manchmal scheint es, als ob die Beteiligten noch nicht einmal dieselbe Sprache sprechen! Wir können also „effektive Kommunikation" definieren als Vorgang, bei dem die Nachricht, die der Sender senden möchte, derjenigen entspricht, die vom Empfänger empfangen wird. Auch wenn dies nicht in 100%-iger Übereinstimmung möglich ist, weil Sender und Empfänger zwei unterschiedliche Individuen sind, können wir dennoch eine ganze Menge unternehmen, um uns diesem Idealzustand zu nähern.

Für uns als Eltern funktioniert diese Definition in zwei Richtungen. Auf der einen Seite wollen wir in der Lage sein, so klar mit unseren Kindern zu kommunizieren, dass diese verstehen, was wir meinen. Auf der anderen Seite müssen wir auch empfänglich sein für die Botschaften unserer Kinder – auf eine Weise, die es ihnen erlaubt, ihre Gedanken und Gefühle mit uns zu teilen. Die erste Kategorie kann man sich auch als das *Geben* von

Informationen und die zweite Kategorie als das *Annehmen* von Informationen vorstellen. Diese zwei Kategorien von Fähigkeiten werden den größten Teil der Reise durch dieses Buch ausmachen.

Ein Denkrahmen

Im Laufe der Jahre bin ich Zeuge zahlloser Situationen geworden, in denen irgendetwas in der zwischenmenschlichen Kommunikation schief gelaufen ist. Im Nachhinein ist es oft möglich zu analysieren, was eigentlich passiert ist und *an welcher Stelle* etwas schief gelaufen ist. Das Endziel jedoch ist es, zu erkennen, was *in dem Augenblick* passiert, und nicht erst im Nachhinein. Dadurch ist es möglich, die Dinge gleich wieder in die richtige Richtung zu lenken. Um mich selbst und somit andere Personen beim Verfolgen dieses Ziels zu unterstützen, hat es sich als nützlich erwiesen, mit einem theoretischen Rahmen zu arbeiten, welchen ich die „Kommunikations-Matrix©" nenne. Diese Matrix hilft uns, bestimmte Dinge mit großer Klarheit zu sehen. Sind Sie schon gespannt?

2. DIE KOMMUNIKATIONSMATRIX©

In diesem Kapitel werden wir mit der KommunikationsMatrix arbeiten. Mathematisch betrachtet ist eine Matrix eine Anordnung von Reihen und Zahlen. Aber lassen Sie sich hiervon nicht irritieren. Eine Matrix ist etwas, das andere Dinge umgibt. Sie ist eine Struktur, in der die Beziehung zwischen zusammenhängenden Faktoren dargestellt wird. Diese Fähigkeit, Form zu geben, wird für uns eine wichtige Eigenschaft sein. Unser Modell hilft bei jenen verworrenen zwischenmenschlichen Situationen, die uns scheinbar so schnell aus den Händen gleiten, dass wir uns anschließend fragen: „Hey, was ist hier schief gelaufen?" Wir werden viele solcher Beispiele in diesem Buch beleuchten.

Unser Ziel ist eine Reise, die noch lange andauern wird, auch nachdem Sie dieses Buch gelesen haben. Für mich sind die Fähigkeiten der effektiven Kommunikation ein lebenslanges Projekt – wie auch in vielen anderen Lebensbereichen, in denen wir nach Verbesserung und mehr Wissen streben. Dies bedeutet, dass ich immer wieder zurückschaue und feststelle, wie weit ich bereits gekommen bin. Ich schaue aber auch nach vorne und sehe, dass es immer Gelegenheiten zur Verbesserung gibt. An welcher Stelle der Reise auch immer ich mich befinde: Es ist für mich in Ordnung, weil ich mein Bestmögliches gebe. Dies ist eine sehr nützliche Einstellung, die Sie übernehmen können, wenn Sie möchten. Manchmal wird der Weg steinig und es hilft, sich einen Moment zurückzulehnen und sich selbst ein Stück Anerkennung für Erreichtes zu geben. Warum? Weil Sie ein *noch besserer* Elternteil werden wollen. Sonst würden Sie schließlich diese Zeilen nicht lesen. Vergessen Sie aber auch nicht: Ihre Kinder tun etwas Wunderbares, in dem sie Ihnen immer wieder eine neue Chance geben!

Die KommunikationsMatrix aufbauen

Wir werden die KommunikationsMatrix Schritt für Schritt gemeinsam aufbauen. Es wird sich lohnen, bei dem Aufbau der Matrix geduldig zu bleiben, denn die KommunikationsMatrix ist raffiniert und sehr nützlich.

Der erste Teil besteht aus einer simplen Skala, die folgendermaßen aussieht:

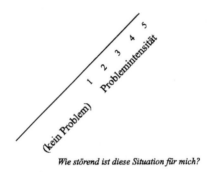

Wie störend ist diese Situation für mich?

In ein paar Augenblicken werden Sie verstehen, weshalb diese Skala diagonal gezeichnet ist. Wir werden die Werte 1 bis 5 verwenden, um zu messen, wie sehr *Sie sich selbst* in der speziellen Situation unwohl fühlen. Ein Wert von 1 beschreibt, dass Sie sich ein kleines bisschen unwohl fühlen. Ein Wert von 5 bedeutet ein massives Unwohlsein Ihrerseits. Wenn Sie beispielsweise am Telefon sprechen und Ihr Kind anfängt, laut zu spielen, dann wird Sie dies vermutlich stören. Vielleicht ist es ein wirklich wichtiger Anruf und Sie wollen einen guten Eindruck hinterlassen. Vielleicht plaudern Sie aber auch einfach nur mit einem Freund und fühlen sich völlig frei zu sagen: „Warte mal einen Moment, ich will mich kurz um mein Kind kümmern." Im ersten Fall würden Sie Ihr Unwohlsein vermutlich höher einstufen als im zweiten Fall. Vielleicht würden Sie sich im zweiten Fall sogar überhaupt nicht unwohl fühlen.

DAS FUNDAMENT LEGEN

Menschen und deren Reaktionen sind sehr, sehr unterschiedlich. Zudem ist es durchaus möglich, dass dieselbe Person in der (zumindest scheinbar) gleichen Situation anders reagiert. Wir alle wissen, dass wir manchmal eine höhere und manchmal eine geringere Toleranzschwelle haben. Dies hängt von einer ganzen Reihe von Faktoren ab, beispielsweise wie gut wir uns gerade körperlich fühlen oder ob wir gerade andere Sorgen haben.

Der zweite Teil der Matrix ist im Grunde das Spiegelbild des ersten Teils und sieht folgendermaßen aus:

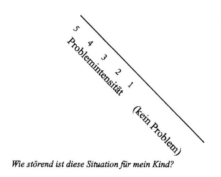

Wie störend ist diese Situation für mein Kind?

Wir benutzen diesen Teil, um zu bewerten, wie sehr *die andere Person* (Ihr Kind beispielsweise) in das Problem involviert ist und sich in der Situation unwohl fühlt, wobei diese Einschätzung natürlich Ihre subjektive Wahrnehmung darstellt. Wiederum benutzen wir eine Skala von 1 bis 5. Diese Einteilung hätte auch anders gewählt werden können, funktioniert aber für die meisten Menschen sehr gut. Lassen Sie uns mit dem obigen Beispiel fortfahren. Vielleicht amüsiert sich Ihr Kind großartig während Ihres Telefonats. Dann würden wir es im „Kein Problem" Bereich unserer Skala platzieren, weil es sich in dieser Situation in keiner Weise unwohl fühlt. Vielleicht ist Ihr Kind aber müde, hungrig und ungeduldig. Dann würden wir es auf der Skala der „Problemintensität" deutlich höher einstufen.

Jetzt können wir anfangen, etwas wirklich Interessantes mit diesen beiden Teilen der Matrix zu tun, indem wir diese zusammenfügen und einschätzen, wie unwohl sich *welche Person* in der Problemsituation fühlt. Wenn wir das Telefonbeispiel nehmen und feststellen, dass Ihr Kind etwas frustriert ist, weil Sie telefonieren, statt ihm Aufmerksamkeit zu schenken, würden Sie sein Unwohlsein vielleicht mit der Stufe 1 bewerten. Wenn Sie versuchen, ein wichtiges Telefonat zu führen und den Lärm Ihres Kindes als sehr ablenkend empfinden, befinden Sie sich selbst vielleicht auf der Stufe 3.

Jetzt sieht die Matrix so aus:

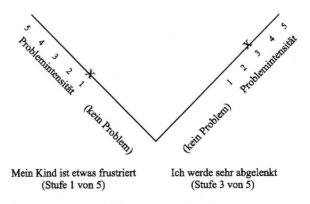

Dann führen wir die beiden Werte zusammen:

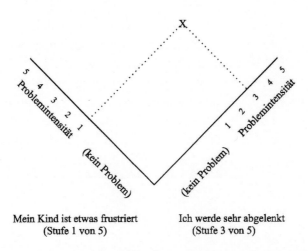

DAS FUNDAMENT LEGEN

Wir haben jetzt eine gemeinsame Einstufung, die das Empfinden beider Personen beinhaltet. Sie erkennen vielleicht, dass es sich hierbei um einen einfachen Graph handelt, der ein wenig gedreht wurde.

In einer weiteren Abwandlung der Telefonsituation ist es vielleicht so, dass Ihr Kind gerade wirklich etwas von Ihnen braucht und beunruhigt ist. Nehmen wir an, sein Unwohlsein ist auf Stufe 3 einzuschätzen. Sie selbst sind gerade in einem tollen Gespräch mit Ihrer Schwester, ohne dass Ihnen bis jetzt bewusst ist, dass Ihr Kind beunruhigt ist. Für Sie selbst erscheint die Situation unproblematisch. Sie befinden sich also selbst in der „Kein Problem" Zone.

Die beiden Einstufungen sehen folgendermaßen aus:

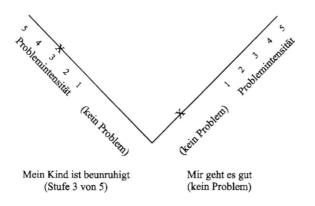

Mein Kind ist beunruhigt
(Stufe 3 von 5)

Mir geht es gut
(kein Problem)

Wenn wir die beiden Punkte zusammenführen wie vorhin, dann sieht es so aus:

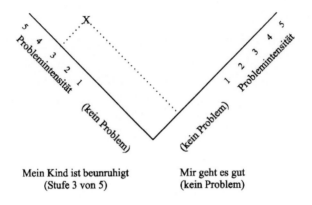

Mein Kind ist beunruhigt
(Stufe 3 von 5)

Mir geht es gut
(kein Problem)

Für mehr Klarheit und Nutzbarkeit gestalten wir die Kommunikations-Matrix jetzt vielseitiger und farbenreicher. (Schließlich geht es ja in diesem Buch um kristallklare Kommunikation!) Mit den bereits vorhandenen Skalen formen wir einen Bereich, der alle Einstufungen bis zum Wert 5 abdeckt:

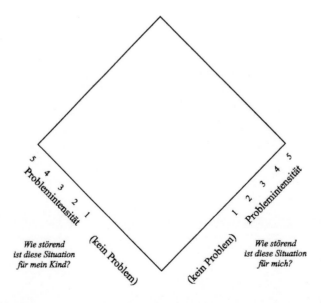

DAS FUNDAMENT LEGEN

Dann fügen wir spezielle Farben hinzu (und Sie werden gleich verstehen, was diese farbliche Aufteilung zu bedeuten hat)

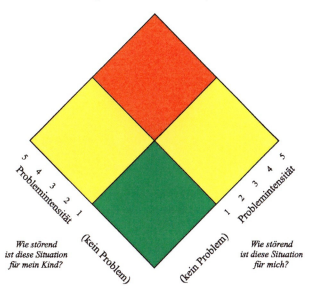

und dann jeweils eine Beschreibung der vier verschiedenen Situationstypen:

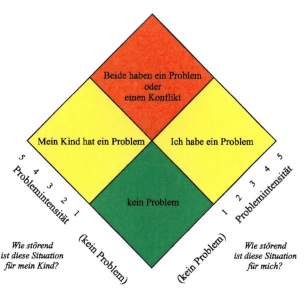

KommunikationsMatrix © Robin Ticic 2003, überarbeitet 2005

Sie sehen nun vermutlich, weshalb ich mich entschieden habe, die Matrix aus diesem Winkel zu betrachten statt eine konventionellere horizontale bzw. vertikale Ausrichtung zu benutzen. Dies gibt uns eine ausgeglichenere Sicht auf „meine Seite" und „die Seite des Kindes" innerhalb der Situation. Ich nehme an, dass die Farbwahl selbsterklärend ist!

Wer besitzt das Problem?

Schauen Sie was passiert, wenn wir die KommunikationsMatrix in der jetzigen Form benutzen, um die letzten beiden Beispiele zu betrachten. Im ersten Fall, in dem Ihr Kind sich etwas unwohl gefühlt hat, aber Sie selbst ein großes Problem mit dem Geräuschpegel während des Telefonates hatten, sieht es so aus:

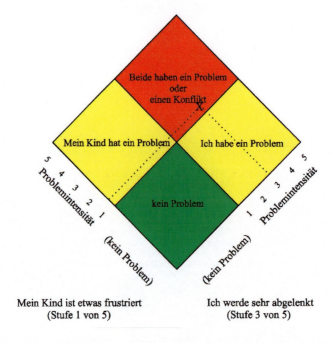

Wir landen automatisch in dem Bereich, in dem beide (zwar in unterschiedlichem Maße) „ein Problem haben". In diesem Beispiel stehen unsere Bedürfnisse im Konflikt zueinander. (Es gibt auch Situationen, in denen beide Personen ein Problem haben, ohne dass diese im Konflikt miteinander stehen, beispielsweise wenn in einer Nacht beide vor Hitze nicht gut schlafen können.)

Im zweiten Beispiel, wo für Sie alles in Ordnung ist, aber Ihr Kind beunruhigt ist, finden wir Folgendes vor:

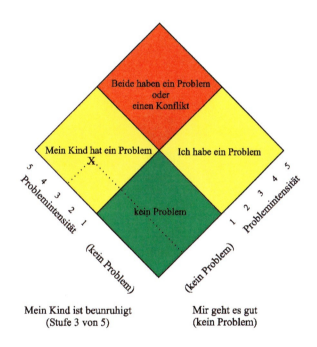

Wir sind im Bereich „mein Kind hat ein Problem".

Noch eine Abwandlung dieses Telefonszenarios verdeutlicht einen weiteren Situationstyp. Ihr Kind spielt glücklich in seinem Zimmer. Sie haben eine wichtige geschäftliche Angelegenheit mit Ihrem Gesprächspartner zu klären und das Telefonat dauert wesentlich länger, als Sie erwartet hatten. Sie sind hin- und hergerissen, weil Sie aufgrund der Geräusche aus dem Kinderzimmer annehmen, dass gerade etwas zu Bruch geht.

Schauen Sie sich an, wo wir uns in der KommunikationsMatrix befinden, wenn wir Ihr Kind im problemfreien Bereich platzieren und Ihr Empfinden bei Stufe 2:

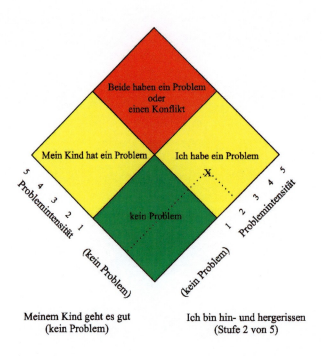

Wir befinden uns jetzt in dem Bereich, der anzeigt, dass Sie derjenige sind, der ein Problem hat.

Die Einteilung in vier Bereiche ist natürlich modellhaft. Es ist im Vergleich zum echten Leben vereinfacht und genau deshalb eine hervorragende Möglichkeit, den Vorgang in solchen Situationen zu visualisieren und zu verdeutlichen, wer wie stark betroffen ist. Je weiter wir voranschreiten, desto mehr werden Sie erkennen, wie nützlich diese vier Bereiche sind.

DAS FUNDAMENT LEGEN

Übungsbeispiele

Hier sind einige Beispiele zum Durcharbeiten. Wie gesagt, es gibt keine „richtigen" Antworten. Ich habe die Beschreibung sehr simpel gehalten, ohne Hinweise auf die Art oder Intensität der Gefühle der einzelnen Personen. Dadurch können Sie mit Ihren eigenen Kombinationen von Situationen experimentieren. Benutzen Sie einfach die auf der nächsten Seite abgebildete KommunikationsMatrix und fügen Sie die entsprechende Nummer der einzelnen Beispiele an der Stelle ein, die Sie für die jeweilige Situation für passend halten.

1. Das Zimmer des Neunjährigen ist extrem unordentlich.
2. Ihr zwölfjähriges Kind ist krank.
3. Ihr Siebzehnjähriger ist durch eine Prüfung gefallen.
4. Der Kindergarten hat eine Woche geschlossen.
5. Ihre vierzehnjährige Tochter wurde von ihrem Freund versetzt.
6. Ihr achtjähriger Sohn ist nicht zur vereinbarten Zeit vom Spielen nachhause gekommen.
7. Ihr zehnjähriges Kind hat Sie angelogen.
8. Das Essen ist fertig, aber Ihr Kind kommt trotz Rufens nicht.
9. Der Lehrer berichtet, dass sich Ihr Kind in der Schule schlecht benommen hat.
10. Ihr Sechsjähriger schlägt seinen Zwillingsbruder.

KOMMUNIKATION – KRISTALLKLAR   IHRE BRÜCKE ZUM KIND

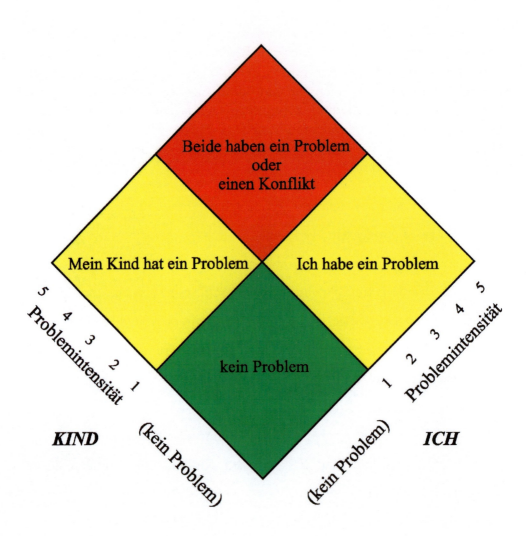

KommunikationsMatrix © Robin Ticic 2003, überarbeitet 2005

DAS FUNDAMENT LEGEN

In der folgenden KommunikationsMatrix habe ich eine der vielen möglichen Antworten für jede der geschilderten Situationen eingetragen. Erklärungen für meine Eintragungen finden Sie darunter. Jede Eintragung ist lediglich eine von mehreren Interpretationen, die von weiteren (nicht vollständig geschilderten) Details abhängen. Wichtig ist an dieser Stelle, dass Sie lernen, die KommunikationsMatrix als Denkrahmen zu nutzen.

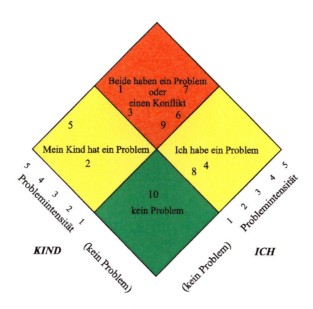

1. Ihr Neunjähriger hat gerade viel Freude beim Spielen und ist sauer, dass Sie versuchen, ihn zum Aufräumen zu bewegen. Sie haben ihn bereits mehrfach gebeten und werden immer ungeduldiger.

2. Ihr zwölfjähriges Kind ist in der Schule und ist krank geworden. Sie wissen davon noch nichts.

3. Ihr Siebzehnjähriger ist sehr unglücklich über seinen Misserfolg. Sie hatten es kommen sehen, sind auch nicht glücklich darüber, aber nicht überrascht. Sie hoffen, dass er daraus lernt.

4. Ihr Kind hat kein Problem damit, zuhause zu bleiben. Sie hingegen haben Schwierigkeiten, jemanden zu finden, der auf Ihr Kind aufpassen kann, damit Sie zur Arbeit gehen können.

5. Für Ihre Vierzehnjährige ist es ein Weltuntergang. Sie fühlen mit, wissen aber, dass sie darüber hinwegkommen und irgendetwas aus dieser Erfahrung mitnehmen wird.

6. Ihr Achtjähriger hat ein schlechtes Gewissen, hat aber beim Spielen viel Spaß gehabt. Sie hatten angefangen, sich Sorgen zu machen, nachdem er nicht wie vereinbart aufgetaucht war.

7. Ihr zehnjähriges Kind wollte seinen Freund nicht verpetzen. Deshalb hat es eine Geschichte erfunden. Es ist weiterhin davon überzeugt, die richtige Entscheidung getroffen zu haben, fühlt sich aber mit der Situation ein wenig unwohl. Sie sind sehr enttäuscht, dass es nicht von Anfang an die volle Wahrheit erzählt hat.

8. Ihr Kind würde lieber weiterspielen, als zum Essen zu kommen. Sie sind in Eile, weil Sie bald einen Termin haben.

9. Ihr Kind hat Angst, für sein schlechtes Benehmen in der Schule bestraft zu werden. Ihnen ist es vor allem deshalb unangenehm, weil dies Ihr erster Kontakt zu diesem Lehrer war.

10. Ihr Sechsjähriger meint, dass es völlig gerechtfertigt war, seinen Bruder zu schlagen. Sie sind zuversichtlich, dass die beiden es untereinander ausmachen werden.

Wie Sie anhand dieses letzten Beispiels sehen, sind oft mehr Personen als nur Sie und „die andere Person" Teil der Situation und des Problems. Vorerst aber konzentrieren wir uns primär auf Situationen mit zwei Personen, um die Dinge nicht unnötig kompliziert werden zu lassen.

DAS FUNDAMENT LEGEN

Individuelle und situative Faktoren

Es gibt unzählige Gründe, weshalb Menschen so reagieren, wie sie reagieren. Manche Gründe haben unmittelbar mit dem jeweiligen *Individuum* selbst zu tun, andere Gründe vorwiegend mit den *anderen involvierten Personen,* und wieder andere beziehen sich auf die einzelnen Umstände der jeweiligen *Situation.*

Wir haben bereits darüber gesprochen, dass unsere eigene Toleranzschwelle viel niedriger sein kann, wenn wir beispielsweise krank oder müde sind oder anderweitig unter Stress stehen. Dies sind Faktoren, die für eine bestimmte Person von Zeit zu Zeit variieren. Hier ein Beispiel, das mit der „anderen Person" zu tun hat: Ihre Zweijährige fängt mit einem Mund voll Spinat an, so zu kichern, dass der Tisch anfängt, sich tropfenweise grün zu färben. Würden Sie genauso reagieren wenn Ihre Zehnjährige dasselbe machen würde? Wir haben gewöhnlich unterschiedliche Erwartungen (welche konstruktiv oder weniger konstruktiv sein können) an unterschiedliche Personen. Die Situation selbst kann auch einen großen Einfluss auf unsere Reaktion haben. Angenommen, Sie stolpern in der Küche über irgendetwas, fangen sich aber ohne zu stürzen. Würden Sie sich genauso fühlen, wenn Ihnen selbiges passiert, während Sie bei einem Vortrag vor hundert Personen über die Bühne laufen?

Hier sind einige Faktoren, die meine eigene Reaktion in Bezug auf Menschen und Situationen beeinflussen:

    1. Ob ich in letzter Zeit die Gelegenheit hatte, etwas für mich selbst zu tun, statt permanent nur für andere auf Abruf bereitzustehen: Wenn ich das Gefühl habe, gut für mich gesorgt zu haben, dann habe ich im Allgemeinen eine höhere Toleranz für Dinge, die schief gehen.

    2. Ob eine Person, die andere ethische Wertvorstellungen hat als ich, ein enger Freund ist oder nur ein flüchtiger Bekannter: Ich kann

mit grundlegenden Unterschieden sehr viel leichter umgehen, wenn ich mit diesem Menschen nicht täglich zusammen bin.

3. Ob ich mit meiner Familie zusammen bin oder mit einem Klienten: Ich kann leichter objektiv und gelassen in Bezug auf das Problem der anderen Person sein, wenn meine Beziehung zu dieser Person rein beruflicher Natur ist.

In jeder dieser Beispiele wird deutlich, dass mir in bestimmten Situationen eine größere Akzeptanz gelingt als in anderen.

Nehmen Sie sich bitte ein paar Minuten Zeit, um Ihre eigene persönliche Liste der Faktoren anzufertigen, die für Sie einen Unterschied bezüglich Ihrer Reaktion machen.

Faktoren, die meine Reaktionen in schwierigen Situationen beeinflussen können:

    1.

    2.

    3.

    4.

    5.

    ...

    ...

    ...

Listen Sie jetzt bitte Faktoren auf, von denen Sie glauben, dass diese die Reaktion Ihres Kindes in schwierigen Situationen beeinflussen können.

DAS FUNDAMENT LEGEN

Faktoren, die die Reaktion meines Kindes beeinflussen können:

    1.

    2.

    3.

    4.

    5.

    …

    …

    …

In diesem Kapitel haben wir den Grundstein für die Arbeit mit der KommunikationsMatrix gelegt. Als Nächstes blicken wir detaillierter auf einen bestimmten Teil der Matrix.

KOMMUNIKATION – KRISTALLKLAR   *IHRE BRÜCKE ZUM KIND*

EINE POSITIVE BEZIEHUNG AUFBAUEN

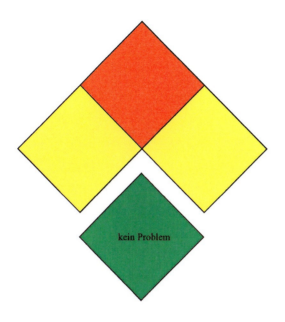

EINE POSITIVE BEZIEHUNG AUFBAUEN

3. ALLES IM GRÜNEN BEREICH

Ursprünglich wollte ich dieses Kapitel „Theorie, Philosophie und Geschichte" nennen, hatte aber die Befürchtung, dass es zu akademisch klingen und der Leser es daher überspringen würde. Wenn Sie aber weiter lesen, werden Sie sehen, wie wichtig diese Themen sind. Betrachten wir eine Weile den grünen Bereich der KommunikationsMatrix. Dies ist der

Bereich, der den problemfreien Zustand repräsentiert. Sie fragen sich vielleicht: „Warum soll ich mich gerade mit dem problemfreien Bereich befassen? Schließlich lese ich dieses Buch, um *Probleme* zu lösen!" Ja, das ist exakt der Zweck dieses Buches, und ich werde Ihnen auch den Weg zeigen, wieder in den grünen Bereich zurück zu gelangen, wenn Sie feststellen, dass Sie mit Ihren Kindern im gelben oder roten Bereich gelandet sind.

Zunächst aber (und hier kommt der *Theorieteil* ...) sollten Sie verstehen, weshalb es so wichtig ist, so viel Zeit wie möglich mit Ihrem Kind im problemfreien Bereich zu verbringen. Hierfür gibt es zahlreiche Gründe.

Selbstvertrauen entwickeln

Sich im grünen Bereich zu befinden bedeutet, dass Sie in diesem Moment Ihr Kind und sein Verhalten völlig annehmen können. Kinder entwickeln positive Gefühle zu sich selbst, wenn sie sich von ihren Eltern akzeptiert fühlen. Stellen Sie sich vor, was es für ein Kind bedeutet, wenn es sich die meiste Zeit von seinen Eltern angenommen fühlt. Das Kind wächst mit dem Glauben und dem Gefühl auf, dass es ein wertvoller Mensch ist. Ich sehe viele Menschen, die sich in therapeutischer Behandlung befinden, weil ihre Eltern nicht in der Lage waren, ihnen gerade dieses Selbstwertgefühl zu geben.

Selbstvertrauen wächst, wenn die Bemühungen und Leistungen der Kinder von ihren Eltern wertgeschätzt werden. Wenn wir mitten in einem Problem stecken, ist es unwahrscheinlich, dass wir etwas sagen werden wie: „Das Bild, das Du gemalt hast, gefällt mir sehr. Ich sehe, dass Du viel Mühe hineingesteckt hast" oder „Ich wette, Du bist echt stolz auf Dich." Im grünen Bereich zu bleiben hilft Ihnen, die positiven Aspekte des (Zusammen-)Lebens verstärkt wahrzunehmen. Kinder – und deren Eltern – profitieren davon.

EINE POSITIVE BEZIEHUNG AUFBAUEN

Sich selbst weiterentwickeln

Es gibt einen weiteren wichtigen Grund, mit Ihren Kindern soviel Zeit wie möglich im grünen Bereich zu verbringen. Dies wird für Sie vermutlich widersprüchlich klingen ... aber die wichtigste Voraussetzung dafür, dass sich eine Person weiterentwickelt, ist akzeptiert und wertgeschätzt zu werden. Therapeuten stellen dies immer und immer wieder fest. Tatsächlich ist die nahezu grenzenlose Akzeptanz eines Klienten die Basis, die ihm entscheidende Veränderungen ermöglicht. So braucht diese Person keine Energie zu verschwenden, um sich und sein Verhalten zu verteidigen, und kann dann diese Energie in eine konstruktivere Richtung lenken. Dasselbe gilt für unsere Kinder.

Über Gefühle sprechen

Eine der wertvollsten Fähigkeiten, die wir unseren Kindern vermitteln können, ist die Fähigkeit, Emotionen zu erkennen und offen darüber sprechen zu können. Vielen Menschen fällt dies schwer, vor allem wenn die Gefühle kein Verständnis finden oder unangenehm sind. Wenn wir uns mit unserem Kind in der problemfreien Zone befinden, ist es für Eltern und Kinder leichter, über Gefühle zu sprechen, als wenn man sich gerade inmitten eines hitzigen Konflikts befindet. (Dies ist vergleichbar mit dem Erlernen des Fahrradfahrens auf einem schönen, ebenen Untergrund, statt auf einem Boden mit Steinen und Schlaglöchern.) Dies ist eine wunderbare Möglichkeit, Ihr Kind daran zu gewöhnen, dass es völlig normal und wünschenswert ist, über Gefühle zu sprechen. Wenn die Angelegenheit dann hitziger wird, sind die Fähigkeiten, mit unangenehmen Gefühlen umgehen zu können, bereits vorhanden. Diese Fähigkeit ist ein Geschenk an unsere Kinder: an die Eltern der Zukunft.

Eine Gewohnheit entsteht

Hier ist ein weiterer Grund, diese Fähigkeiten in der grünen Zone zu erlernen. Die Erfahrungen beim Benutzen dieser Kommunikationsmethoden werden im Gehirn als positiver Zustand verankert. Eine innere Stimme sagt: „Ich fühle mich gut – Ich benutze diese Methoden – Ich fühle mich gut – Ich benutze diese Methoden – Ich fühle mich gut –" und so weiter, mit der Folge, dass positive Assoziationen sich bilden können.

Probleme bereits früher erkennen

Sobald wir uns daran gewöhnt haben, mehr Zeit in der problemfreien Zone (d.h. im grünen Bereich der Matrix) zu verbringen, fällt es uns schneller auf, wenn wir „die Grenze überschreiten" in Richtung des problembehafteten Bereichs (in der Matrix gelb bzw. rot). Wir nehmen die Anzeichen, dass wir uns unwohl fühlen, dass jemand anderes ein Problem hat oder dass sich ein Konflikt ankündigt, bereits früher wahr. Wenn Gefahrensignale frühzeitig erkannt werden, ist es viel einfacher, wieder in den grünen Bereich zurück zu kehren, als wenn die Situation bereits eskaliert ist.

Statt dieses Zustands, in dem Sie und Ihr Kind Probleme und Konflikte erleben,

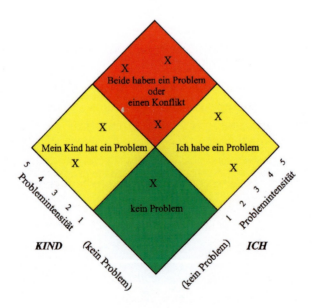

EINE POSITIVE BEZIEHUNG AUFBAUEN

sehen wir mehr hiervon, wo Sie sich mit Ihrem Kind im problemfreien Bereich befinden:

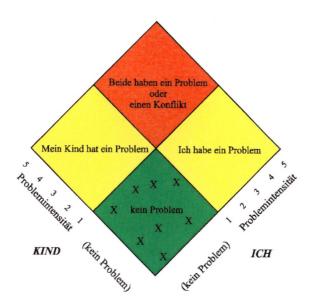

Beziehungen verbessern

Wenn jemand eine Beziehung in einer positiven Weise erlebt, wird die Beziehung dadurch noch besser. Die Beziehung wird im Gehirn mit Freude verbunden statt mit Frust. Es ist ein sich selbst verstärkender Prozess. (Sehen wir nicht oft die negative Version dieses Prozesses, bei welchem häufige Konflikte die Beziehung in eine Abwärtsspirale ziehen?) Und hier ist ein großer Bonus: je besser die Beziehung, desto höher ist der Anreiz, die andere Person zu verstehen und mit dieser zu kooperieren. Es ist eine sich positiv ausbreitende Wirkung ohne Verlierer.

Ich kann mich an eine Mutter erinnern, die mich aufsuchte, weil sie das Gefühl hatte, den Draht zu ihrem Teenager fast völlig verloren zu haben. Sie entschied sich, einen meiner Kurse zu besuchen. Nach ungefähr der Hälfte der Kurseinheiten berichtete sie, dass ihr Sohn bereits angefangen hatte, sich ihr gegenüber zu öffnen und öfter aktiv ihre Nähe suchte. Er hatte begonnen, mit ihr über wichtige Aspekte seines Lebens zu sprechen – und bis zu diesem Zeitpunkt hatten wir ausschließlich in und mit dem problemfreien Bereich gearbeitet!

Genug Theorie; wie wäre es mit ein bisschen persönlicher *Philosophie?*

Den Menschen dieser Welt zu mehr gegenseitigem Verständnis verhelfen

Ich schaue mich in der Welt um und schrecke zurück vor dem Anblick von Gewalt sowie dem Mangel an gegenseitigem Verständnis, der einen so großen Teil der Menschen unseres Planeten heimsucht. Ich frage mich, was gemacht werden kann – und speziell, was ich dazu beitragen kann. Meine Überzeugung ist, dass aufrichtige Kommunikation zusammen mit dem zunehmenden Verständnis als Resultat hieraus die Basis für eine Verbesserung dieses Zustands darstellt. Welchen besseren Startpunkt kann es geben, als mit unseren Kindern zu beginnen und sie zu befähigen, respektvoller mit anderen und später mit ihren Partnern und eigenen Kindern umzugehen? Nur dann wird wirklich mitfühlendes Verständnis ausstrahlen, von Familien zu Gemeinden, von Gemeinden zu Nationen, von Nationen in die ganze Welt. Wir können den teuflischen Kreislauf aus Angst, Abneigung, Hass und Gewalt (ganz zu schweigen von den Folgen alarmierend hoher Scheidungsraten) durchbrechen, indem wir dort starten, wo wir am meisten Einfluss haben – in unserer Rolle als Eltern. Vielleicht kommt Ihnen dies sehr idealistisch vor. Es ist sicherlich ein langfristiges Projekt, aber jeder Beitrag zählt.
Und jetzt ein wenig *Geschichte.*

Zu Beginn der Arbeit mit der Matrix bei der Vermittlung von Kommunikationsfähigkeiten an Gruppen gingen mein Trainerpartner und ich davon aus, dass das Behandeln der Konfliktsituationen (roter Bereich) am schwierigsten sein würde. Schließlich ist dies die Situation, in der beide Personen ihre eigenen Interessen verfolgen, ohne unbedingt besonders motiviert zu sein, die Perspektive der anderen zu verstehen, sodass das Gemüt sich leicht erhitzt. Wir haben dabei eine spannende Entdeckung gemacht. Wir haben bemerkt, dass die Konfliktsituationen verhältnismäßig leicht zu lösen sind, wenn wir nur genügend Zeit mit Übungen in den beiden gelben Bereichen verbringen und somit die Fähigkeiten im Umgang mit einem Problem von nur *einer Person* schulen! Mit anderen Worten: Die Vertiefung der Fähigkeiten im gelben Bereich hilft zu erkennen, was im roten Bereich zu tun ist.

Die nächste Entdeckung war mindestens ebenso bedeutsam. Bei Kursen mit Eltern über konstruktive Kommunikation mit ihren Kindern wurde es klar, dass die besten Bedingungen für das Erlernen von Grundlagen tatsächlich im grünen Bereich herrschten. Das ist nicht das Ende des Lernprozesses, aber ein sehr wesentlicher Anteil daran. Dann sind nämlich die Fähigkeiten, die im gelben Bereich benötigt werden bereits vorhanden. Oder lernen Menschen etwa erste Hilfe dann am besten, wenn der echte Unfall bereits passiert ist? Meistens nicht.

Jetzt sehen Sie, weshalb ich Ihnen soviel über konstruktive Kommunikation *anhand von problemfreien Situationen mit Ihren Kindern* vermitteln möchte. Diese Vorgehensweise wird Ihnen helfen, im problemfreien Bereich zu *verbleiben*. Das ist schließlich unser Ziel. Es ist mir sehr wichtig, dass Sie nachvollziehen können, weshalb wir die Schritte in dieser Reihenfolge durchlaufen. In den nächsten beiden Kapiteln werden wir sehen, wie Sie die Zeit, die Sie und Ihre Kinder im grünen Bereich verbringen, maximieren können.

KOMMUNIKATION – KRISTALLKLAR   *IHRE BRÜCKE ZUM KIND*

4. WAS ERZÄHLT IHNEN IHR KIND WIRKLICH?

Was Kinder hierzu sagen

Was denken Kinder darüber, was ihre Eltern tun sollten, um bessere Eltern zu sein? Das Feedback aus einer Untersuchung, die ich hierzu mit Jugendlichen gemacht habe, war faszinierend. In der Geschlechtskombination „Väter / Töchter" bekamen die Beziehungen insgesamt die schlechtesten Bewertungen. Die größte Beschwerde der Teenagermädchen war: „Ich kann mit meinem Vater nicht über meine Gefühle reden." Für einen kurzen Moment habe ich bedauert, dass die meisten Leser von Büchern wie diesem Mütter sind, obwohl gerade Väter die Fähigkeit zuzuhören mindestens ebenso benötigen. Kurz darauf kam mein Optimismus durch und ich stellte fest, dass Mütter das Benötigte ebenfalls erreichen können, indem Sie ihren Kindern, insbesondere ihren Söhnen, das Zuhören beibringen. Zusätzlich zu den unmittelbaren Vorteilen werden diese Jungen zu besseren Eltern (und Partnern) heranwachsen. Denken Sie bitte nicht, ich hätte etwas gegen männliche Wesen! Ich bewundere sie und habe das Privileg, mein Leben mit mehreren von ihnen zu teilen. Es scheint jedoch einfach so zu sein, dass sie im Allgemeinen ein geringeres Bedürfnis haben, über Gefühle zu sprechen als es bei weiblichen Wesen der Fall ist. Daher ist es vollkommen natürlich, dass erstere manchmal weniger Interesse an den Emotionen zeigen als ihre Partnerinnen oder Kinder es gerne hätten.

Nach der Untersuchung der Teenager dachte ich, dass es interessant wäre, *Eltern zu fragen, was deren Eltern wiederum hätten besser machen sollen.* Hier sind die Ergebnisse: Aus sechzehn Kategorien, die bewertet wurden, haben Frauen beide Elternteile und Männer ihre Väter in einer bestimmten Kategorie am schlechtesten bewertet – in derselben Kategorie, in welcher Teenagermädchen ihre Väter am schlechtesten bewertet hatten: *Die Fähigkeit zuzuhören!*

Ich habe mich oft gefragt, was die wichtigsten Faktoren für eine gute, gesunde Beziehung zwischen Eltern und Kindern sind. Nach der Befragung zahlreicher *Eltern mit sehr guten Beziehungen zu ihren Kindern* hörte ich einige Dinge immer und immer wieder: „Wenn sie wollen, dass Ihr Kind spricht, dann hören Sie einfach zu!" „Zuhören, ohne zu urteilen!" „Zuhören, ohne zu unterbrechen!" „Mit Respekt zuhören!" „Auf die Bedürfnisse des Kindes hören, nicht nur auf die eigenen Bedürfnisse!" Diese Aussagen stammten von denselben Eltern, die mir sagten, wie wichtig es sei, gemeinsam Spaß zu haben und sich die Mühe zu machen, den Kindern zu sagen, wie gut sie Dinge machen, statt nur auf den negativen Aspekten herumzureiten. Weiterhin sei es wichtig, Kindern die Aufmerksamkeit zu geben, auch wenn sie sich gerade gut benehmen, sodass sie diese Aufmerksamkeit nicht über negative Wege erreichen müssen.

Wir kommen in späteren Kapiteln auf weitere Ergebnisse der Untersuchung zu sprechen. (Zusätzlich finden Sie in Anhang 3 ebenfalls detailliertere Informationen hierüber.) Der Rest dieses Kapitels ist der Verbesserung der Zuhörfähigkeiten gewidmet – während wir uns mit unseren Kindern in der problemfreien Zone befinden.

Stützendes Verstehen

„Im Voraus folgen"

In der Therapie verwenden wir manchmal das Motto: „Dem Klienten folgen – ein wenig im Voraus!" Welch merkwürdige Vorstellung! Wir begeben uns mit dem Klienten auf eine Wellenlänge, indem wir versuchen wahrzunehmen, was er oder sie gerade fühlt. Das ist der „folgen"-Teil. Dann können wir hiermit arbeiten, indem wir die Gefühle (durch konkrete Benennung) auf eine für den Klienten bewusste Ebene bringen und diesem helfen, seine Gefühle verbal zum Ausdruck zu bringen. Bei diesem Teil sind wir als Therapeuten „ein wenig voraus". Der Klient gibt den Weg vor, und wir geben ihm Unterstützung mit der Botschaft: „Ich sehe, wo Sie sind. Ich möchte Ihnen helfen, ein wenig weiter zu kommen." Auch wenn wir als

Eltern nicht die Therapeuten unserer Kinder sind, ist diese Herangehensweise beim Erziehen der Kinder sehr hilfreich. Diese Fähigkeit nenne ich „Stützendes Verstehen".

„Aktives Zuhören"

Die Fähigkeit des Stützenden Verstehens wird oft als „aktives Zuhören" bezeichnet. „Stützendes Verstehen" ist die Bezeichnung, die ich aus zwei Gründen bevorzuge. Erstens erscheint mir das Wort „aktiv" in manchen Fällen ein wenig irreführend, da manche Menschen hierdurch dazu neigen, zu sehr in die richtungsvorgebende Rolle zu schlüpfen (aktives *Zureden*), statt ein wenig „im Voraus zu folgen" (aktives *Zuhören*). Zweitens ist „Zuhören" nur ein Teil dessen, was benötigt wird, um die andere Person zu verstehen und zu unterstützen. Wir müssen die Person auf mehreren Ebenen beobachten und wirklich mit dieser *mitfühlen*. „Mitfühlen mit einer Person" bedeutet, dass Sie in der Lage sind, Empathie aufzubringen, also sich in die Gefühle der anderen Person hineinzuversetzen (was allerdings etwas anderes ist als diese Gefühle tatsächlich selbst zu haben). Unsere Körpersprache und Gesichtsausdrücke sowie unsere sonstige physische Interaktion mit der Person sind allesamt Teil dieser Unterstützung.

Eine spezielle Art des Spiegelns

Stützendes Verstehen lässt ein Kind wissen, dass Sie auf dessen Wellenlänge sind, dass Sie eine Vorstellung davon haben, was in diesem Augenblick in ihm vorgeht. Dies ist eine Fähigkeit, die besonders bedeutsam wird, wenn Sie sich im gelben Bereich befinden, in welchem Ihr Kind ein Problem hat. Jetzt aber werden wir lernen, wie wir diese Fähigkeit im problemfreien Bereich nutzen können.

Die Idee ist, hier als eine Art Spiegel zu fungieren, der beobachtet, bearbeitet, umformuliert und zum Kind zurückkommuniziert, um sicherzustellen, dass der „Spiegel" richtig verstanden hat.

KOMMUNIKATION – KRISTALLKLAR   *IHRE BRÜCKE ZUM KIND*

Beispiele

Wenn Sie beispielsweise beim Essen bemerken, dass Ihr Kind mit großem Genuss isst, dann sagen Sie einfach: „Die frischen Pfirsiche schmecken Dir wirklich gut!" Ihr Kind grinst daraufhin. Betrachten wir, welche Elemente in diesem trivial erscheinenden Kommentar enthalten sind. Zunächst einmal haben Sie festgestellt, dass Ihr Kind zufrieden ist. Dann haben Sie eine begründete Vermutung über die Ursache angestellt und anschließend diese Beobachtungen an Ihr Kind „zurückgespiegelt" (bzw. reflektiert). Das Grinsen Ihres Kindes war die Bestätigung, dass Sie auf der richtigen Wellenlänge sind.

Es ist wieder Essenszeit und wiederum beobachten Sie Ihr Kind. Dieses Mal experimentiert Ihr Kind, auf wie viele Arten es mit dem Messer Brokkoli in Stücke zerschneiden kann. Schließlich entscheidet es, den Rest längs statt quer zu schneiden. Sie schauen es an und sagen: „Ich sehe, es ist einfacher für Dich, so zu schneiden." Ihr Kind nickt. Schauen wir uns auch hier an was passiert ist. Sie haben bemerkt, dass Ihr Kind mit einer Herausforderung zu kämpfen hat. Dann haben Sie das praktische Ergebnis gesehen, das hieraus entstanden ist, und haben Ihre Beobachtungen zurückgespiegelt. Das Nicken hat Ihnen gezeigt, dass Ihr Kind Ihrer Beobachtung zustimmt.

Hier ist eine etwas analytischere Betrachtung dessen, was wir im ersten Beispiel beschrieben haben.

Situation: Das Kind isst frische Pfirsiche.
Resultat: Das Kind freut sich.

Ihr Kommentar reflektiert sowohl die Ausgangslage („die frischen Pfirsiche essend") als auch das Resultat („Du genießt es"). Das Kind fühlt sich beachtet und verstanden.

EINE POSITIVE BEZIEHUNG AUFBAUEN

Wir können auch das zweite Beispiel ähnlich betrachten.

Situation: Das Kind versucht Brokkoli zu schneiden.
Resultat: Das Kind findet eine Methode, die gut funktioniert.

Ihr Kommentar reflektiert die Ausgangssituation („Brokkoli schneiden") und auch das Resultat („es ist einfacher für Dich ..."). Wiederum fühlt sich das Kind beachtet und verstanden. Es sieht, dass Sie sich für es interessieren.

Wie Sie beim Betrachten dieser beiden Beispiele eventuell festgestellt haben, gibt es manchmal Emotionen, die aus einer bestimmten Situation herrühren, und manchmal gibt es lediglich praktische Folgen. Es kann auch beides vorhanden sein. (Vielleicht war das kleine Mädchen beim Brokkolischneiden stolz auf sich, neben der Tatsache, dass es ein praktisches Problem gelöst hat.) Um uns das Leben noch komplizierter zu machen, gibt es auch andere Kategorien von Reaktionen wie Gedanken, Verhalten und körperliche Wahrnehmungen. Für den Augenblick jedoch konzentrieren wir uns auf die praktischen Ergebnisse, weil diese relativ leicht zu beobachten und zu beschreiben sind, und auf die Emotionen, weil diese sehr wichtig sind. Oftmals sind die emotionalen Komponenten am bedeutungsvollsten, sodass es sich lohnt, diesen eine besondere Aufmerksamkeit zu schenken. Vielfach beobachten wir die Emotionen eines Kindes zuerst, bevor wir wissen, was hierzu geführt hat – wie im ersten Beispiel.

Oft ist es leichter, Zusammenhänge in Form von Bildern aufzunehmen, statt sich allein auf Worte zu verlassen. Dies sind die Symbole, die ich gerne zur Verdeutlichung verwende:

eine *Videokamera* für eine faktenorientierte Situationsschilderung,

 ein *Herz* für die Gefühle und

 Pfeile für praktische Folgen.

Die Videokamera erinnert mich daran, bei der Situationsbeschreibung so objektiv wie möglich zu sein. Ich frage mich: „Was würde eine Videokamera in dieser Situation aufnehmen?"

Prüfen Sie, ob die folgenden bildhaften Darstellungen der beiden Beispiele nützlich für Sie sind:

Beispiel 1:

Das Kind isst frische Pfirsiche. → Das Kind freut sich.

Beispiel 2:

Das Kind versucht Das Kind findet eine
Brokkoli zu schneiden. → Methode, die gut funktioniert.

Wie Sie sehen, kann eine Situation dazu führen, dass eine Emotion zum Vorschein kommt, ohne dass diese offensichtliche praktische Folgen mit sich bringt. Natürlich kann es auch genau umgekehrt sein. In späteren Beispielen werden wir andere Kombinationen dieser beiden Aspekte sehen.

Ihr Kind dabei zu unterstützen, Emotionen wahrzunehmen und zu artikulieren ist ein Geschenk von unschätzbarem Wert. Der einfachste Zeitpunkt, hieraus eine Gewohnheit entstehen zu lassen ist dann, wenn die Emotionen positiv sind. Mit anderen Worten: Tun Sie es, wenn Sie sich mit Ihrem Kind im problemfreien Bereich befinden. Ich betone das deshalb so sehr, weil wir nicht dazu neigen, uns hiermit gedanklich zu beschäftigen, solange alles gut läuft.

Um Sie bei der Formulierung positiver Gefühle zu unterstützen, finden Sie hier eine kurze Liste häufiger (sich teilweise überschneidender) Emotionen:

ehrgeizig, tapfer, zuversichtlich, enthusiastisch, stolz, vertrauensvoll
ruhig, fröhlich, aufgeregt, glücklich, optimistisch, entspannt, zufrieden
erstaunt, neugierig, interessiert, beteiligt, fasziniert, mitfühlend
akzeptierend, bewundernd, liebevoll, rücksichtsvoll, liebend, verstehend

Übungsbeispiele

Einige nützliche Fragen, die Sie sich selbst stellen können, während Sie diese Übungen machen (und auch im richtigen Leben):

- Sind wir wirklich gerade in der problemfreien Zone?
- Was beobachte ich gerade in Bezug auf die Gefühle meines Kindes?
- Wie kann ich diese Gefühle beschreiben?
- Welche Situation könnte zu diesen Gefühlen geführt haben?
- Gibt es praktische Konsequenzen dieser Situation, die für mein Kind von Bedeutung sind?

Hier sind ein paar praktische Übungen für das Formulieren von Kommentaren, um Stützendes Verstehen zu signalisieren. Achten Sie darauf, dass es tatsächlich die Gefühle und die Situation *Ihres Kindes* sind, die Sie beschreiben und nicht Ihre eigenen Emotionen (oder diejenigen, die Sie gerne bei Ihrem Kind wahrnehmen würden). Benutzen Sie Ihre Vorstellungskraft in Bezug auf die Einzelheiten einer bestimmten Situation. Ich habe die Schilderungen sehr einfach gehalten, damit Sie mit verschiedenen Szenarien experimentieren können.

KOMMUNIKATION – KRISTALLKLAR   *IHRE BRÜCKE ZUM KIND*

1. Ihre sechsjährige Tochter hat von ihrer besten Freundin eine Einladung zu einer Party erhalten.
   ....

2. Ihr zehnjähriger Sohn erhält eine bessere Mathenote, als er erwartet hatte.
   ....

3. Bis Weihnachten ist es nur noch eine Woche.
   ....

4. Ihr Vierjähriger bekommt sein erstes Fahrrad.
   ....

5. Ihre Tochter hat gerade ihre Führerscheinprüfung bestanden.
   ....

6. Ihr Siebenjähriger geht freiwillig ins Bett, weil er sehr müde ist
   ....

Unten aufgeführt sind mögliche Antworten für diese Beispiele. Denken Sie bitte auch hier daran, dass es nicht „die richtigen" Antworten gibt. Formulierungen können so individuell sein wie die Menschen, die diese entwerfen. Es geht darum, Interesse und Verständnis zu zeigen.

1. „Du bist sehr glücklich ♥ über Deine Einladung!" 🎥

2. „Du bist überrascht, ♥ dass Du eine so gute Note in Mathe bekommen hast. 🎥 Du bist stolz!" ♥

EINE POSITIVE BEZIEHUNG AUFBAUEN

3. „Du freust Dich so sehr ♥ auf Weihnachten, ✘ dass Du kaum schlafen kannst!" ⚡

4. „Mensch! Du fühlst Dich jetzt wie ein großer Junge, ♥ weil Du ein Fahrrad hast! ✘ Jetzt kannst Du mit den großen Jungs durch die Gegend fahren." ⚡

5. „Du bist echt stolz, ♥ Deinen Führerschein zu haben! ✘ Jetzt kannst Du eigenständig kommen und gehen." ⚡

6. „Du bist gerade so müde, ✘ dass Du gleich ins Bett gehst." ⚡

Sollten Sie mit dem Spiegeln auf dem Holzweg sein, wird Ihr Kind es Sie wissen lassen. Schauen wir uns Beispiel Nr. 5 an. Vielleicht ist Ihre Tochter (noch) nicht stolz auf sich und Sie haben ihre Emotionen falsch interpretiert. Dann würde sie Sie vielleicht korrigieren: „Naja, eigentlich bin ich einfach nur froh, die Prüfung hinter mir zu haben. Ich bin erleichtert, bestanden zu haben!" Dann haben Sie die Gelegenheit, die gleiche Wellenlänge zu finden, indem Sie etwas sagen, wie: „Ja, das ist eine Erleichterung, es hinter sich gebracht zu haben!" Wahrscheinlich wird sie dann lächeln oder nicken und somit bestätigen, dass sie sich verstanden fühlt.

Personenspezifische und situative Faktoren

Es gibt bestimmte Voraussetzungen, um Stützendes Verstehen effektiv ausüben zu können. Da Sie durch Stützendes Verstehen signalisieren, dass Sie sich für die andere Person interessieren und sich dafür Zeit nehmen, ist dies natürlich nur angebracht, wenn Sie wirklich interessiert sind und *tatsächlich* willens sowie in der Lage sind, Zeit mit der Person zu verbringen. Es ist durchaus möglich, sich mit einer anderen Person in der problemfreien

Zone zu befinden und (momentan) nicht an dem, was diese Person gerade tut, interessiert zu sein. Das ist im Grundsatz vollkommen in Ordnung, und es ist auch wichtig, sich zu fragen, inwieweit Zeitdruck und Interesse eine Rolle spielen. Möglicherweise arbeiten Sie gerade einige Unterlagen durch und Ihr Kind arbeitet neben Ihnen hochzufrieden an einem eigenen Projekt. Ihre Konzentration ist auf Ihre eigene Tätigkeit gerichtet und weniger auf die Ihres Kindes.

Der andere Aspekt, den es zu berücksichtigen gilt, ist die Frage, ob Ihr Kind gerade an dieser Form der Aufmerksamkeit interessiert ist oder ob es nicht am liebsten einfach ungestört mit seiner Aktivität weitermachen möchte. Es kann beispielsweise für Ihren Teenager durchaus eher störend sein, wenn Sie dessen Vorbereitung auf eine wichtige Prüfung durch einen Kommentar über die intensive gute Arbeit und Konzentration unterbrechen!

Selbständig üben

Mein Vorschlag lautet, das Stützende Verstehen ein paar Mal pro Tag mit jedem Ihrer Kinder zu üben und sich einfach überraschen zu lassen, was passiert. Es ist wichtig, in einer nicht problembehafteten Situation an diesen Fähigkeiten zu arbeiten, bevor Sie sich den nächsten Schritten widmen. Gerne können Sie das Arbeitsblatt am Ende dieses Kapitels verwenden, um Ihre Erfahrungen zu notieren. (Es kann durchaus sinnvoll sein, für zukünftige Eintragungen zuerst ein paar Kopien von dem Arbeitsblatt zu machen.) Geben sie sich eine gewisse Zeit, um sich mit Stützendem Verstehen wohl zu fühlen. Je stärker es in guten Zeiten ein selbstverständlicher Teil Ihrer Kommunikation wird, desto erfolgreicher wird es in einer schwierigen Situation mit Ihrem Kind funktionieren. Letztere ist die Art Situation, in der es besonders wichtig ist.

Es ist völlig normal, dass man eine gewisse Übung benötigt, wenn man sich eine neue Fähigkeit aneignet. Erinnern Sie sich nur an Ihre erste Fahrstunde oder das erste Mal beim Ausüben einer neuen Sportart. Sie können stolz auf sich sein, dass Sie den Mut haben, etwas Neues zu probieren. Sie werden die Früchte Ihrer Mühen ernten – auch wenn diese nicht perfekt sind. Kinder merken, wenn Sie Ihr Bestes geben. Außerdem bringt Ihre Körpersprache Ihre guten Absichten zum Ausdruck.

Einige Eltern finden es extrem schwierig, mit ihren Kindern in einer positiven Weise umzugehen. Ich kann mich an eine 36-jährige Frau erinnern, die mir sagte, dass sie gerne an ihrer eigenen Mutter geändert hätte, dass „sie nicht ständig alles was ich gesagt habe kritisierte." Wenn Sie in sich selbst einen Widerstand in Bezug auf das Einfühlen in Ihr Kind verspüren, dann besprechen Sie dies bitte mit einem Familienberater oder Therapeuten. Einige Eltern stellen fest, dass es kaum eine problemfreie Zone in ihrer Beziehung zu ihrem Kind gibt. Dies kann auch ein Hinweis darauf sein, dass professionelle Hilfe sinnvoll wäre, um wieder in eine gute Richtung zu steuern.

In diesem Kapitel haben wir uns damit beschäftigt, wie wir unsere Kinder wissen lassen können, dass sie unsere Aufmerksamkeit *auch dann* erhalten, wenn es zwischen ihnen und uns gut läuft. Mit unseren Kindern in einer solchen Weise umzugehen ist auch deshalb sehr klug, weil es die Kinder ermutigt, in der problemfreien Zone zu verbleiben! Den Kindern wird klar, dass es gar *nicht notwendig ist, auf eine negative Weise aufzufallen*, um die Aufmerksamkeit der Eltern zu erlangen!

Im nächsten Kapitel werden wir uns mit der Kehrseite der Medaille beschäftigen, also mit der Frage, wie wir unsere Kinder dazu bekommen, *uns und unseren eigenen Emotionen Aufmerksamkeit entgegen bringen zu wollen – auch wenn wir uns im problemfreien Raum bewegen.*

KOMMUNIKATION – KRISTALLKLAR   *IHRE BRÜCKE ZUM KIND*

Arbeitsblatt: Stützendes Verstehen im grünen Bereich

Datum:

Situation:
Emotionen:
praktische Folgen:

was ich sagte:

wie das Kind reagierte:

Ergebnisse, Änderungen usw.:

Datum:

Situation:
Emotionen:
praktische Folgen:

was ich sagte:

wie das Kind reagierte:

Ergebnisse, Änderungen usw.:

Datum:

Situation:
Emotionen:
praktische Folgen:

was ich sagte:

wie das Kind reagierte:

Ergebnisse, Änderungen usw.:

5. WAS ERZÄHLEN SIE IHREM KIND?

Ich-Botschaften

Ich-Botschaften lassen ein Kind wissen, wie *Sie* sich fühlen. Diese Fähigkeit ist vor allem dann nützlich, wenn Sie mit Ihrem Kind in der gelben Zone landen, in welcher *Sie* ein Problem haben. In diesem Kapitel werden wir beginnen, diese Fähigkeit zunächst im grünen Bereich zu verwenden, weil es (wie beim Stützenden Verstehen) leichter zu lernen ist, wenn es keine Ablenkungen durch Probleme gibt. Die Struktur dieses Kapitels ist der des letzten Kapitels ähnlich. Dies wird Ihnen helfen zu erkennen, dass Ich-Botschaften und Stützendes Verstehen eigentlich zwei Seiten derselben Münze sind – der Münze des wechselseitigen Verstehens.

Warum macht es überhaupt Sinn, Ihrem Kind zu erklären, was Sie denken oder wie Sie sich fühlen – und das auch noch dann, wenn es gar kein Problem gibt? Solche Informationen geben Ihrem Kind die Gelegenheit, Sie besser kennen zu lernen und zunehmend zu verstehen, wie es Ihren Bedürfnissen gerecht werden kann. Dies ist für alle Beteiligten viel angenehmer, als wenn man abwartet, bis der Zustand schlecht ist und man *dann erst* sein Kind wissen lässt, was einen stört. Es hilft wiederum, möglichst viel im problemfreien Bereich zu verbleiben. Oft ist eine bewusste Handlung erforderlich, um jemanden wissen zu lassen, dass man zufrieden ist. (Wenn man unzufrieden ist, hat man meistens keine Hemmungen, seine Gefühle ausführlich zum Ausdruck zu bringen!)

Lassen Sie uns das Mahlzeitenbeispiel nochmals aufgreifen. Die Familie ist also mit dem Frühstück fertig und Ihre Kinder helfen beim Abräumen des Tisches. Sie sagen: „Mensch, ich bin echt froh, dass Ihr beim Abräumen geholfen habt! Dadurch habe ich noch ein paar Minuten Zeit, mich hinzusetzen und Zeitung zu lesen!" Sie hätten auch einfach „Danke" sagen können. Natürlich wäre auch das völlig in Ordnung. Eine gut formulierte Ich-Botschaft ist jedoch wesentlich besser. Der Grund ist folgender: Sie haben zum Ausdruck gebracht, wie Sie sich fühlen („echt froh"), welche praktischen Folgen das Verhalten Ihrer Kinder in Bezug auf Sie selbst hat: („Dadurch habe ich noch ein paar Minuten Zeit, mich hinzusetzen und Zeitung zu lesen") und genau welches Verhalten hierzu geführt hat („das Abräumen"). Sie geben Ihren Kindern eine ganze Menge nützlicher Informationen!

Hier ist eine Analyse des Geschehens:

Situation: Die Kinder haben nach dem Essen abgeräumt.
Folgen: Sie sind glücklich *und* haben noch Zeit zum Zeitunglesen.

Sie haben vielleicht bemerkt, dass diese Situation sowohl zu einer emotionalen Folge als auch zu einer Folge auf der praktischen Ebene geführt hat. Wie beim Stützenden Verstehen können auch hier die emotionalen Komponenten sehr wichtig sein. Indem Sie Ihre eigenen Gefühle erkennen und mitteilen, zeigen Sie Ihren Kindern auch, dass es in Ordnung ist, Emotionen zu haben und darüber zu sprechen. Sie sind hierdurch diesbezüglich ein gutes Vorbild, auch wenn sich Ihr Kind beim Verstehen Ihrer Gefühle schwer tun sollte. (Werfen Sie ruhig einen Blick auf die kurze Liste der positiven Emotionen im letzten Kapitel, wenn Sie Anregungen für die Beschreibung Ihrer Gefühle benötigen.) Praktische Folgen sind vor allem für Kinder oft einfacher zu verstehen als die Emotionen anderer Personen. Gerade deshalb ist es wichtig, diese auch klar zum Ausdruck zu bringen.

Die bildhafte Version von unserem Frühstücksbeispiel sieht so aus:

Die Kinder haben abgeräumt. → Sie sind glücklich *und* haben noch Zeit zum Zeitunglesen.

EINE POSITIVE BEZIEHUNG AUFBAUEN

Übungsbeispiele

Die Art von Fragen, die ich im letzten Kapitel im Zusammenhang mit Stützendem Verstehen aufgelistet habe, ist hier ebenfalls nützlich.

- Sind wir wirklich gerade in der problemfreien Zone?
- Was beobachte ich gerade in Bezug auf meine Gefühle?
- Wie kann ich diese Gefühle beschreiben?
- Welche Situation könnte zu diesen Gefühlen geführt haben?
- Gibt es praktische Konsequenzen dieser Situation, die für mich von Bedeutung sind?

Hier sind ein paar Übungen, um das Formulieren von Ich-Botschaften auszuprobieren.

1. Ihr Neunjähriger hat ohne Aufforderung den Müll hinausgebracht.

   ....

2. Die elfjährigen Zwillinge spielten leise zusammen, während die Eltern an der Steuererklärung arbeiteten.

   ....

3. Ihr Fünfjähriger ging ins Bett, ohne dem Babysitter das Leben schwer zu machen.

   ....

4. Ihre Zwölfjährige hat selbst entschieden, Saft statt Cola zu trinken.

   ....

5. Ihre Siebzehnjährige hat ihr Zimmer von oben bis unten aufgeräumt und geputzt.

   ....

6. Ihr Sohn hat seine Sachen vom Campingausflug vollständig zurückgebracht.

   ....

7. Ihre Tochter hat angerufen, um Bescheid zu geben, dass sie etwas später als erwartet nachhause kommt, weil die Party so toll ist.

   ....

Hier ist eine mögliche Formulierung für jedes der geschilderten Beispiele. Ihre Antworten mögen genauso gut oder noch besser sein (und wahrscheinlich anders!). Es ist eine sehr individuelle Sache. Das Ziel ist es, dem Kind Information über Sie zu geben, und zwar in einer Form, die für das Kind verständlich und brauchbar ist.

1. „Ich weiß es sehr zu schätzen, ♥ dass Du den Müll rausgebracht hast, 📷 ohne dass ich Dich überhaupt erinnern musste! Jetzt kann ich mich darauf konzentrieren, das Abendessen zu machen." ✂

2. „Ich bin so froh, ♥ dass wir den Papierkram in Ruhe erledigen konnten. 📷 Ihr zwei habt echt dazu beigetragen! 📷 Jetzt haben wir Zeit, etwas gemeinsam zu unternehmen." ✂

3. „Es ist ein schönes Gefühl zu wissen, dass wir weggehen ✂ und Dir vertrauen können, ♥ dass Du Dich benimmst, wenn der Babysitter hier ist!" 📷

EINE POSITIVE BEZIEHUNG AUFBAUEN

4. „Ich bin stolz ♥ auf Dich, dass <u>Du ein gesundes Getränk gewählt hast</u>!" 📷

5. „Man! <u>Ich bin beeindruckt,</u> ♥ wie <u>gründlich Du gearbeitet hast</u>! 📷 <u>Mir gefällt es</u> ♥ wie Dein Zimmer aussieht, und jetzt ist es <u>viel einfacher für mich, die Wäsche einzusortieren</u>." ✈

6. „<u>Ich kann mich wirklich auf Dich verlassen,</u> ♥ dass Du gut auf Deine Sachen aufpasst! <u>Ich habe ein gutes Gefühl,</u> ♥ Dich Dinge auf Fahrten mitnehmen zu lassen, wenn ich weiß, dass <u>Du sie alle wieder zurück bringst</u>." 📷

7. „<u>Ich bin Dir dankbar,</u> ♥ dass <u>Du uns Bescheid sagst,</u> 📷 dass Du später kommst. Damit <u>kann ich mein Buch weiterlesen</u> ✈ statt mir <u>Sorgen zu machen</u>!" ♥

Personenspezifische und situative Faktoren

Wie beim Stützenden Verstehen müssen auch bei Ich-Botschaften die Umstände passend sein. Sie müssen *wirklich* daran interessiert sein, Ihr Kind wissen zu lassen, was Sie empfinden. Dies ist sicherlich nicht immer der Fall, und das ist auch in Ordnung. Zudem muss Ihr Kind in dem Moment für die Ich-Botschaft empfänglich sein, sonst geht sie verloren. Es gibt sicher Zeiten, in denen Sie sich mit Ihrem Kind in der problemfreien Zone befinden, aber nicht miteinander interagieren, weil jeder für sich auf etwas anderes konzentriert ist.

Kleine, aber wichtige Feinheiten

Es gibt eine leicht zu übersehende kleine Differenzierung in Bezug auf Ich-Botschaften, die aus meiner Sicht wichtig ist. Betrachten Sie den Unterschied zwischen der Aussage „Ich mag das Bild, das Du gemalt hast!" und der Aussage „Das ist ein schönes Bild!" Diese beiden Aussagen erscheinen vielleicht sehr ähnlich und vollkommen austauschbar. Die erste Aussage beschreibt Ihre Emotion. Die zweite Aussage beschreibt eine „Tatsache". Nehmen wir an, dass das Bild Ihrem Kind selbst nicht gefällt. Das Kind würde Ihnen also nicht zustimmen, dass es ein schönes Bild ist – was lediglich Ihre Meinung ist und keine „Tatsache" darstellt. Ihre persönliche Bewertung des Bildes hingegen ist für Ihr Kind leichter zu akzeptieren, weil es der Aussage zustimmen kann, ohne seine eigene Bewertung ändern zu müssen. Es handelt sich um Ihre Meinung und nicht um diejenige Ihres Kindes. Hier ein weiteres Beispiel: Es gibt einen klaren Unterschied zwischen „Ich bin stolz auf Dich!" und „Du bist ein gutes Mädchen!" Es mag sein, dass Ihr Kind sich gerade selbst nicht als gutes Mädchen fühlt, aber Ihr Gefühl ist schließlich Ihr Gefühl. Eine gute Ich-Botschaft bringt Ihre Emotion zum Ausdruck, statt Ihre Meinung als Tatsache hinzustellen.

Manchmal ist es gar nicht so einfach, zwischen Stützendem Verstehen und einer Ich-Botschaft zu unterscheiden. Betrachten Sie die Aussage: „Wunderbar! Du hast Deine Hausaufgaben erledigt. Welch eine Erleichterung!" Auch wenn ein solcher Kommentar eher als Stützendes Verstehen gedacht war, ist er eigentlich eher eine Ich-Botschaft, weil er mehr die Gefühle des Elternteils als diejenigen des Kindes betont. Es ist wichtig, bewusst darüber nachzudenken, wessen Emotionen Sie gerade beschreiben.

Selbständig üben

Bitte nehmen Sie sich jeden Tag die Gelegenheiten zum Üben der Ich-Botschaften mit jedem Ihrer Kinder in der Zeit, wenn es zwischen Ihnen und

EINE POSITIVE BEZIEHUNG AUFBAUEN

Ihrem Kind gut läuft. Das Arbeitsblatt am Ende (welches – bis auf die Überschrift – dasselbe ist wie im vorherigen Kapitel) können sie ebenfalls zum Notieren Ihrer Erfahrungen im problemfreien Bereich benutzen. (Vielleicht mögen Sie auch hier vorab ein paar Kopien machen.) Möglicherweise entdecken Sie auch neue Aspekte Ihrer eigenen Person. Benutzen Sie auch dann Ich-Botschaften, um Ihrem Kind etwas mitzuteilen, wenn es mit ihm eigentlich direkt gar nichts zu tun hat. Die Bemerkung: „Heute bin ich zufällig einer Frau begegnet, mit der ich in die Grundschule gegangen bin! Es war so aufregend, mit ihr über die vielen verstrichenen Jahre zu plaudern!" kann sehr wohl interessant für Ihr Kind sein.

Fragen Sie sich, ob Ihre nonverbalen Botschaften an Ihr Kind mit Ihren verbalen Botschaften im Einklang sind. Stimmen Ihre echten Gefühle mit Ihren Worten überein? Um jemandem mitzuteilen, was Sie empfinden, müssen Sie zunächst einmal sich selbst gut genug kennen, um Ihre Emotionen wahrnehmen zu können. Üben Sie ausreichend, um sich beim Umgang mit Ihrem Kind hierbei wohl zu fühlen. Dann wird es in einer für Sie störenden Situation leichter sein, sich in Form einer Ich-Botschaft auszudrücken.

Meiner Erfahrung nach fällt es Eltern oft leichter, Ich-Botschaften zu formulieren als Stützendes Verstehen. Wie auch immer dies bei Ihnen gelagert ist, versuchen Sie Freude an diesem Prozess zu entwickeln und die Möglichkeiten zu erforschen, statt perfekte Resultate zu erwarten. Jede kleine Veränderung bringt Sie auf Ihrer Reise ein wenig weiter. Jeder kleine Schritt wird Sie Ihrem Kind näher bringen.

Wie ich im letzten Kapitel betont habe: Wenn Sie mit Ihrem Kind nicht über positive Dinge sprechen können oder Sie und Ihr Kind sich nur selten im problemfreien Bereich befinden, dann suchen Sie bitte professionelle Beratung und Begleitung auf.

Wir haben jetzt gesehen, wie wir die Aufmerksamkeit unseres Kindes bekommen, *obwohl* alles in Ordnung ist. Das Kind fühlt sich ermutigt, vermehrt Verhaltensweisen an den Tag zu legen, die uns zufrieden stellen, und dies maximiert den Zeitanteil, den wir mit unseren Kindern im problemfreien Bereich verbringen. Die Kinder bekommen somit auch Botschaften über Verhalten, das uns gefällt, nicht nur über Verhalten, das wir nicht mögen! Es gehört zu unserer Verantwortung als Eltern, *aktiv* nach Wegen zu suchen, die einen Verbleib in der problemfreien Zone mit unseren Kindern maximieren.

Die Matrix

Betrachten wir die Matrix für einen Moment aus einem etwas anderen Blickwinkel. Was sind unsere Verantwortungen in jedem der Bereiche? In der problemfreien Zone ist es unsere Aufgabe, dort zu verbleiben und die positiven Aspekte der Beziehung zu unserem Kind zu festigen.

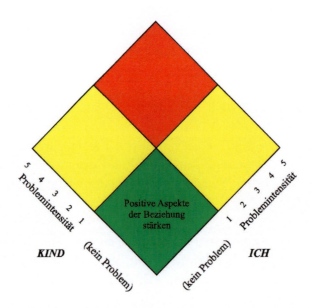

In den folgenden Kapiteln werden wir die Verantwortungen und Ziele in den verbleibenden drei Bereichen behandeln.

EINE POSITIVE BEZIEHUNG AUFBAUEN

Bisher haben wir ausschließlich in der grünen Zone an den beiden Fähigkeiten des Stützenden Verstehens und der Ich-Botschaften gearbeitet. Im nächsten Teil werden wir sehen, was getan werden kann, wenn wir die Grenze aus dem grünen Bereich in Richtung der gelben Zone überschreiten, in welcher unser Kind ein Problem hat.

KOMMUNIKATION – KRISTALLKLAR   *IHRE BRÜCKE ZUM KIND*

Arbeitsblatt: Ich-Botschaften im grünen Bereich

Datum:

    Situation:
       Emotionen:
       praktische Folgen:

was ich sagte:

wie das Kind reagierte:

Ergebnisse, Änderungen usw.:

Datum:

    Situation:
       Emotionen:
       praktische Folgen:

was ich sagte:

wie das Kind reagierte:

Ergebnisse, Änderungen usw.:

Datum:

       Situation:
       Emotionen:
       praktische Folgen:

was ich sagte:

wie das Kind reagierte:

Ergebnisse, Änderungen usw.:

IHREM KIND MIT SEINEN PROBLEMEN HELFEN

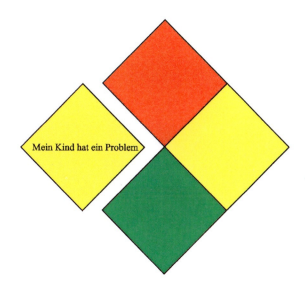

IHREM KIND MIT SEINEN PROBLEMEN HELFEN

6. WARUM ZUHÖREN, WENN IHR KIND EIN PROBLEM HAT?

Ziele der Elternschaft

Es ist an der Zeit, sich nochmals das Ziel der Elternschaft, welches ich in Kapitel 1 beim Nachdenken über meine eigenen Kinder in den Raum gestellt habe, zu betrachten: „Ich möchte sie in die Lage versetzen, ihre eigenen Bedürfnisse und Wünsche zu erfüllen und gleichzeitig zu respektieren, dass andere Menschen das Recht besitzen, dasselbe für sich zu tun." Die beste Art Kindern zu helfen, den ersten Teil dieses Ziels (deren Bedürfnisse zu erfüllen) zu erreichen ist es, die richtige Menge an Unterstützung und Führung zu bieten. „Die richtige Menge" beinhaltet die Unterstützung und Führung bis zu dem Punkt, an dem die Kinder in der Lage sind, Verantwortung für sich selbst zu übernehmen. Natürlich variiert dieser Punkt von Kind zu Kind und je nach Situation. Ganz konkret: Ich möchte, dass meine Kinder eine aktive Rolle beim Lösen ihrer eigenen Probleme übernehmen. Ich will sie mit dem, was sie benötigen, ausstatten und anschließend loslassen. (Übrigens unterscheiden sich Eltern erheblich in Bezug auf ihren Ehrgeiz bzw. Widerstand, ihre Kinder unabhängig werden zu lassen. Diesem komplexen und herausfordernden Thema nachzugehen kann uns helfen, uns selbst besser zu verstehen.) Der zweite Teil des Ziels, das Recht anderer Personen, ihre Bedürfnisse zu erfüllen, ist ein Thema im nächsten Teil dieses Buches.

Ich versuche Probleme als Gelegenheit für eine Weiterentwicklung zu sehen. Das Wort „Problem" an sich impliziert bereits ein Vorwärtsbewegen (vom griechischen Wort *pro*, das „vorwärts" bedeutet). Lassen Sie uns die Problemsituationen unserer Kinder nutzen, um ihnen zu helfen, eine aktive Kontrolle über ihr Dasein zu übernehmen und zu lernen, sich auf sich selbst verlassen zu können sowie selbstbewusst zu sein. Interessanterweise beinhaltet das chinesische Wort für „Problem" zwei Bedeutungen: Schwierigkeit und Gelegenheit. *Schwierigkeiten* sind *Gelegenheiten* und somit *Chancen!*

Was also ist es, das Kinder brauchen, um ihre Probleme selbst lösen zu können? Manchmal benötigen sie einfach nur Sachinformationen. „Mama, wie viele Zentimeter sind in einem Meter?" ist ziemlich simpel zu lösen, vorausgesetzt Sie kennen die Antwort. Wenn es darum geht, ein Problem zu lösen, dann sind nicht notwendigerweise irgendwelche starken Gefühle damit verbunden. Manchmal ist es einfach eine rein praktische Angelegenheit. In anderen Situationen hingegen spielen die Emotionen eine zentrale Rolle. Geschubst zu werden ist leichter zu akzeptieren, wenn das Kind weiß, dass es aus Versehen passiert ist, als wenn es der beste Freund mit Absicht getan hat, weil dieser gerade sauer war. In diesem Teil des Buches und der Matrix werden wir Situationen betrachten, die Emotionen beinhalten.

Sie werden entdecken, dass die Gefühle eine solche Schlüsselrolle einnehmen, dass alleine das Ansprechen dieses Aspekts die Lösung des praktischen Teils oft sehr einfach werden lässt. Nehmen wir zum Beispiel an, dass ein Mädchen zum ersten Mal in die Schule geht. Es ist ein wenig besorgt, was in dieser neuartigen Situation normal ist. Seine Gefühle der Unsicherheit werden von seinen Eltern (durch Stützendes Verstehen) thematisiert, akzeptiert und „normalisiert": „Na, das ist ganz schön komisch, wenn alles so neu ist!" Es kann dann ausreichend selbstbewusst zu den anderen Kindern gehen. Das „Problem" ist gelöst worden, obwohl sich die Umstände nicht verändert haben. Das Kind hat lediglich emotionale Unterstützung und Verständnis für seine Gefühle gebraucht.

Wie Sie vermutlich wissen, ist das Differenzieren zwischen dem Bedürfnis nach emotionaler Unterstützung und dem Bedürfnis nach praktischer Unterstützung auch in der Beziehung eines Paares eine sehr wertvolle Fähigkeit. Sowohl Männer als auch Frauen fühlen sich oft vollkommen missverstanden, wenn die Frau eine emotionale Unterstützung sucht und der Mann eine praktische Lösung für ihr „Problem" anbietet. Sie fühlt sich nicht verstanden und er fühlt sich für seine Handlung nicht wertgeschätzt. Aber dies ist ein anderes Thema für ein anderes Buch! Es ist jedoch auch im Umgang mit Kindern nützlich, die geschlechtsspezifischen Unterschiede zu berücksichtigen, da diese Unterschiede schließlich nicht plötzlich im Erwachsenenalter aus dem Nichts auftauchen.

Mit Emotionen umgehen

Bevor wir eintauchen in den „wie"-Teil des Stützenden Verstehens, in dem Ihr Kind ein Problem hat, möchte ich Ihnen ein wenig von meiner Erfahrung als Therapeutin weitergeben.

Emotionen sind in Ordnung

Ein entscheidender Punkt beim Verstehen von Emotionen ist, dass diese nicht „richtig" oder „falsch" sind. Sie existieren ganz einfach. Zugegeben, sie können sehr unangenehm sein, aber das macht sie noch lange nicht „falsch". Wie oft haben wir von Eltern im Umgang mit ihren Kindern Sätze gehört wie: „Du brauchst keine Angst zu haben!" oder „Du solltest nicht wütend sein!" oder „Du hast keinen Grund zu weinen!"? Solche Kommentare sind als Hilfe gemeint, signalisieren dem Kind allerdings, dass die Gefühle der Angst, Wut oder Trauer falsch sind. Wenn ein Kind solche Signale oft genug bekommt, fängt es an, sich als Person nicht in Ordnung – „defekt" – zu fühlen. Es ist viel konstruktiver, solche Emotionen als Signal zu betrachten, dass etwas geändert werden sollte. Dies ist eine befähigende Einstellung, die bei der Bearbeitung dieser Emotionen in eine produktive Richtung hilfreich ist.

Emotionen vs. Verhalten

Zwar sollten Emotionen nicht verurteilt oder als „schlecht" hingestellt werden, die hieraus resultierenden Verhaltensweisen allerdings sind etwas anderes. Kinder müssen lernen, zwischen *Gefühlen* und ihrem *Umgang mit diesen Gefühlen* zu unterscheiden. Wenn ein Elternteil die Signale seines Kindes wahrnimmt und Stützendes Verstehen anwendet, um zu sagen: „Du bist so wütend auf Deinen Bruder, dass Du ihm am liebsten eine herunter hauen würdest!" hilft er seinem Kind, diesen Unterschied zu verstehen. Wenn Sie Ihrem Kind zuhören und es beim Identifizieren und Formulieren seiner Gefühle unterstützen, vermitteln Sie ihm, wie es mit diesen Gefühlen auf einer Verhaltensebene konstruktiv umgehen kann. Es lernt, dass Emotionen in Ordnung sind (Sie haben seine Emotionen schließlich nur kommentiert und nicht beurteilt), wohingegen das Verstoßen gegen die Rechte anderer Menschen nicht in Ordnung ist.

Akzeptanz von Emotionen

Mir ist klar, dass es manchmal schwer ist, unangenehme Emotionen einer anderen Person zu akzeptieren. Das ist völlig normal. Es ist jedoch wichtig, diese Akzeptanz als Ziel im Hinterkopf zu behalten, weil dies die Basis ist, aus der ein Kind Vertrauen und Selbstbewusstsein entwickelt. Als Therapeutin habe ich zahlreiche Gelegenheiten, dies zu üben. Oft erkläre ich meinen Klienten, dass ich sie dann am besten unterstützen kann, wenn ich einen Fuß mitten im Meer der Probleme habe und somit mit ihnen mitfühlen kann, gleichzeitig aber den anderen Fuß fest auf dem Boden, sodass mir klar ist, dass ich das Problem an sich nicht besitze (trotz der Tatsache, dass ich helfen will). Auf diese Weise bin ich in der Lage, ihre Gefühle zu verstehen, und gleichzeitig kann ich ihre Schwierigkeiten objektiver und aus meinem Blickwinkel betrachten. Dennoch ist dies oft eine Herausforderung. Mit dem eigenen Kind kann diese Herausforderung noch größer sein. Es wird Situationen geben, in denen das Problem Ihres Kindes für Sie ein Problem verursacht, beispielsweise wenn Ihr Kind unglücklich ist und etwas Verletzendes zu Ihnen sagt. Dann wird die Angelegenheit komplizierter. Sie befinden sich dann nämlich im roten Bereich, wo Sie beide ein Problem haben und es gut möglich ist, dass zwischen Ihnen sogar ein Konflikt herrscht. Diese Kategorie von Situationen wird im letzten Teil dieses Buches behandelt.

Emotionen haben eine eigene „Logik"

Etwas finde ich an Emotionen faszinierend: Es gibt immer Ursachen hierfür. Wir entdecken diese Ursachen längst nicht immer, aber Sie können sicher sein, dass die Puzzleteile (wenn sie vorhanden sind bzw. wären) alle zusammenpassen würden. Gehen Sie immer davon aus, dass es Gründe dafür gibt, dass jemand so fühlt, wie er fühlt. Dies erscheint vielleicht sehr idealistisch, aber entspricht es nicht der Wahrheit? Betrachten wir ein Kind, das über einen scheinbar belanglosen Umstand weint. Es ist vielleicht zunächst schwer zu verstehen, aber wenn wir herausfinden, dass es einen Streit zwischen seinen Eltern mitgehört hat und zufällig neulich erfahren hat, dass sich die Eltern einer Freundin trennen, dann ist das Weinen wesentlich leichter zu verstehen.

Teilen macht es leichter

Ein paar weitere Gedanken in Bezug auf Emotionen Ihres Kindes, wenn diese für Sie unangenehm sind: Eine wichtige Funktion von uns Eltern ist es als „Überdruckventil" zu dienen. Wenn Sie in der Lage sind, die Gefühle Ihres Kindes „auszuhalten", ohne selbst aus dem Gleichgewicht zu geraten, dann entlasten Sie Ihr Kind. Die Emotionen werden hierdurch für Ihr Kind weniger überwältigend. Und wenn Sie dann noch im Stande sind, durch das Sprechen über diese Emotionen einen weiteren Schritt zu unternehmen, dann helfen Sie Ihrem Kind im Umgang hiermit – aus einer Position der (geringen) Distanz heraus. Statt vollkommen in seine eigenen Gefühle involviert zu sein, kann Ihr Kind ebenfalls einen Schritt „aus seinen Gefühlen heraus" machen und sich selbst beobachten. Ihm wird klar, dass es als Person wesentlich mehr umfasst als lediglich das, was es in dem jeweiligen Augenblick fühlt. Gefühle haben sich schließlich in der Vergangenheit geändert, und sie werden sich auch in Zukunft wieder ändern. Es ist leichter, mit unangenehmen Gefühlen umzugehen, wenn man weiß, dass auch diese vorübergehen werden und dass jeder ein Recht auf unangenehme sowie angenehme Gefühle hat. Ihr Kind ist dann auf einem guten Weg, sich selbst besser zu verstehen.

Die Ziele des Stützenden Verstehens

Sie kennen den Gebrauch dieser Fähigkeit bereits aus dem grünen Bereich der Matrix. Dies bedeutet, dass Sie auf dem besten Weg sind, diese Fähigkeit auch dann anwenden zu können, wenn Ihr Kind ein Problem hat. Das Ziel an dieser Stelle ist, die Tür zu öffnen, damit Ihr Kind weiß, dass es sich Ihnen anvertrauen kann. Dies kann ein Vorgang sein, der viel Feingefühl erfordert! Wir wollen an dieser Stelle aufrichtiges Interesse zeigen, aber keinerlei Druck ausüben. Die Botschaften, die wir signalisieren wollen, sind:

„Ich merke, dass Dich etwas stört."

„Du und Deine Gefühle sind mir wichtig."

„Ich schenke Dir meine Aufmerksamkeit und Zeit."

„Ich akzeptiere Dich, Deine Gefühle und die Tatsache, dass Du ein Problem hast."

„Ich würde gerne mehr hören über ..., wenn Du es mir sagen möchtest."

„Ich habe volles Vertrauen in Dich, dass Du Probleme lösen kannst."

Alle diese Aussagen sind wunderbare Ich-Botschaften, weil sie die Gedanken und Gefühle des Elternteils widerspiegeln. Diese können explizit zum Ausdruck gebracht werden. Dies muss aber nicht zwingend der Fall sein. Es ist auch möglich, die Botschaft zu vermitteln, dass Sie sich die Zeit zum Zuhören nehmen und dass Sie daran interessiert sind, ohne dies mit Worten auszudrücken. Das bloße Pausieren, mit verbindendem Augenkontakt, spricht bereits eine eindeutige Sprache. Entscheidend ist, dass die Botschaften bei Ihrem Kind ankommen.

Erinnern Sie sich noch an das Konzept des „ein wenig im Voraus Folgens"? Das ist exakt das, was wir in diesem gelben Bereich der Matrix machen werden. Im Grunde sagen wir unserem Kind: „Ich sehe, wo Du bist. Gerne helfe ich Dir, ein wenig weiter zu kommen." Es ist eine Einladung und ein Hilfsangebot. Wenn das Angebot aufrichtig ist, dann wird dies in Ihrer Körpersprache deutlich, zusätzlich zum gesprochenen Wort. Die nonverbalen Botschaften zeigen sich in Ihrem Gesichtsausdruck, Ihren Körperbewegungen und der körperlichen Zuneigung, die Sie anbieten.

Bei jedem Schritt innerhalb des Prozesses ist es so, dass Ihr Kind einen soliden Boden unter den Füßen gewinnt, wenn es fühlt, dass Sie es *unterstützen* und *verstehen* und – sehr wichtig – *es als Person trotz seiner für Sie unangenehmen Gefühle annehmen*. Es kann somit riskieren, einen weiteren Schritt zu unternehmen. Ich stelle mir diesen Prozess als Zahnrad vor, bei dem die Räder an jedem Punkt in das Gegenstück einrasten und somit Unterstützung für ein Vorankommen liefern, ohne ein Risiko des

Zurückfallens. Ihr Kind ist frei darin, sich weiter nach vorne zu bewegen, um sein Problem mit Ihrer Unterstützung voranzutreiben, wohl wissend, dass Sie für das Kind da sind. Das Feedback, das ich von Kindern erhalte, sagt mir, dass sie mehr von einer solchen Art von Unterstützung wollen und brauchen. Feedback, das ich von Erwachsenen erhalte, sagt mir, dass sie als Kinder gerne verstärkt eine solche Unterstützung von ihren eigenen Eltern gehabt hätten. Wie ein glückliches 17-jähriges Mädchen auf die Frage, was ihre Eltern gut gemacht haben, schrieb: „Meine Mutter hat mir immer zugehört, wenn ich Probleme hatte. Mein Vater hat mir zugehört und meine Meinung respektiert."

Stützendes Verstehen gehört zu den wertvollsten Dingen, die wir unseren Kindern schenken können.

IHREM KIND MIT SEINEN PROBLEMEN HELFEN

Wir helfen ihnen somit, sich von diesem Zustand, in dem sie Probleme haben,

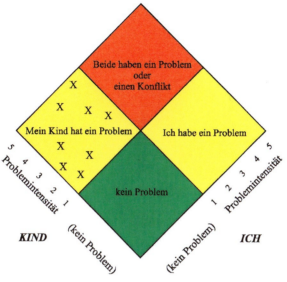

hin zum grünen Bereich zu bewegen:

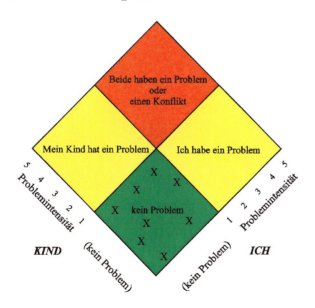

KOMMUNIKATION – KRISTALLKLAR   IHRE BRÜCKE ZUM KIND

Im nächsten Kapitel werden wir Stützendes Verstehen üben und die sich durch diese Fähigkeit eröffnenden Möglichkeiten in dem gelben Bereich, in dem Ihr Kind sich mit einem Problem auseinandersetzt, unter die Lupe nehmen.

7. WIE SIE ZUHÖREN, SODASS IHR KIND REDEN WILL

Bevor wir Stützendes Verstehen anwenden: Lassen Sie uns sicherstellen, dass Sie sich wirklich mit einem Problem Ihres Kindes in der gelben Zone befinden. Wie stellen Sie dies fest? Und woher wissen Sie, dass Sie selber kein Problem haben? Werfen Sie einen kurzen Blick zurück auf die Notizen, die Sie am Anfang des ersten Kapitels gemacht haben, unter „Wie ich feststelle, dass mit meinem Kind gerade etwas ‚nicht stimmt'" sowie „Wie ich merke, dass bei mir selbst gerade etwas ‚nicht stimmt'". Es ist möglich, dass Sie diesbezüglich in Ihren Beobachtungen differenzierter geworden sind und diese Liste somit ergänzen können. Wenn dies so ist, dann notieren Sie einfach die Ergänzungen, die Ihnen einfallen.

Stützendes Verstehen anwenden (oder eben nicht!)

Beispiel 1

Hier ist ein Gespräch zwischen Mutter und Tochter, bevor die Mutter etwas über Stützendes Verstehen gelernt hat:

> (Die Tochter kommt vom Spielen rein und sieht besorgt aus.)
> Mutter: Hallo! Was ist los?
> Kind: Nichts!
> Mutter: Ich bin sicher, dass mit Dir etwas los ist. Was ist los? Du kannst es mir ruhig sagen!
> Kind: Nein – nichts, wirklich.
> Mutter: Ist etwas passiert? Du hast mit jemandem einen Streit gehabt, stimmt's?
> Kind: Nein, das ist es nicht.
> Mutter: Sag es mir doch einfach! Wie soll ich Dir helfen, wenn Du noch nicht mal mit mir redest?
> Kind: Vergiss es. (geht ins Kinderzimmer)

Es kann einen großen Lerneffekt mit sich bringen, ein solches Gespräch als Rollenspiel mit einer Freundin oder dem Partner zu durchlaufen. Wie fühlt sich das „Kind"? Fühlt es sich respektiert und unterstützt? Fühlt es sich in die Ecke gedrängt? Ins Kreuzverhör genommen? Beschuldigt? Hat es den Eindruck, dass seine Mutter ihm mitfühlend die Hand reicht, oder steht seine Mutter mit den Händen in die Hüften gestemmt und einem fordernden Gesichtsausdruck da? Werden die Bedürfnisse der Tochter erfüllt?

Hier ist die Sequenz noch einmal, mit dem Unterschied, dass die Mutter mehrfach vom Stützenden Verstehen Gebrauch macht:

(Die Tochter kommt vom Spielen rein und sieht besorgt aus.)
Mutter: Hallo! (Pause) Ich habe den Eindruck, dass Dich etwas beunruhigt.
Kind: (stöhnt)
Mutter Ich höre Dir gerne zu, wenn Du mir irgendetwas sagen möchtest.
Kind: Weiß nicht ...
Mutter: Du bist also nicht sicher, ob Du darüber reden möchtest.
Kind: Ja, genau.
Mutter: Aha ...
Kind: Ja, ich habe Angst, dass Du sauer wirst.
Mutter: Du bist also unsicher, wie ich reagieren könnte.
Kind: Genau! Versprichst Du mir, dass Du nicht mit mir schimpfst?
Mutter: Okay – Ich tue mein Bestes, nicht sauer zu werden.
Kind: Naja ... es ist Folgendes passiert (und erzählt, wie ein anderes Mädchen seine Jacke gegriffen hat und diese dabei gerissen ist).

Lassen Sie uns nun genau analysieren, was bei der zweiten Variante geschehen ist, indem wir für dieses Beispiel Symbole und Kommentare einfügen. Wir werden dieselben Symbole wie bisher verwenden: eine *Videokamera* für eine faktische Beschreibung der Situation, ein *Herz* für die Gefühle und *Pfeile* für praktische Folgen.

(Die Tochter kommt vom Spielen rein und sieht besorgt aus.) ♥

Mutter: Hallo! (Pause)   Ich habe den Eindruck, dass Dich etwas beunruhigt. ♥

Dies ist das Gegenstück zu beispielsweise „Du siehst glücklich aus" im problemfreien Bereich. Die Mutter kommentiert den emotionalen Zustand des Kindes.

Kind: (stöhnt)

Das Kind ist nicht bereit, besonders viel zu kommunizieren.

Mutter: Ich höre Dir gerne zu, ♥ wenn Du mir irgendetwas sagen möchtest. ♥

Die Mutter übt keinen Druck aus. Stattdessen signalisiert sie ihre Bereitschaft zuzuhören und überlässt die Entscheidung über das Erzählen dem Kind.

Kind: Weiß nicht … ♥

Das Kind teilt seine Unsicherheit mit.

Mutter: Du bist also nicht sicher, ♥ ob Du darüber reden möchtest.

Die Mutter spiegelt die Gefühle ihres Kindes zurück – in ihren eigenen Worten.

Kind: Ja, genau.

Das Kind bestätigt, dass die Mutter dies exakt richtig erfasst hat. Es bietet jedoch auch keine weiteren Informationen an.

Mutter: Aha …

Die Mutter bleibt gedanklich und emotional direkt bei ihrem Kind. Sie ist respektvoll, übt keinen Druck aus und stürmt nicht zu schnell voran.

Kind: Ja, ich habe Angst, ♥ dass Du sauer ♥ wirst.

Das Kind scheint sich versichert zu haben, dass die Mutter wirklich versteht. (Die Zahnräder sind eingerastet!) Jetzt ist es bereit, einen weiteren Schritt zu unternehmen und mehr zu verraten.

Mutter: Du bist also unsicher, ♥ wie ich reagieren könnte.

Die Mutter spiegelt diese neue Information zurück.

Kind: Genau! Versprichst Du mir, dass Du nicht mit mir schimpfst?

Das Kind versichert sich nochmals, dass die Mutter verstanden hat, dass die Tochter bereit ist, zu sprechen sofern sie nicht bestraft wird.

Mutter: Okay – Ich tue mein Bestes, nicht sauer zu werden. ♥

Kind: Naja ... es ist Folgendes passiert (und erzählt wie ein anderes Mädchen seine Jacke gegriffen hat 🎥 und diese dabei gerissen ist). ✈

Das wirklich Aufschlussreiche an diesem Gespräch ist die Fülle an Herzen: Die wichtigsten Schritte sind auf einer emotionalen Ebene passiert. Die Diskussion hat viel mit Interesse und Respekt (auf der Seite der Mutter) und Vertrauen (auf der Seite der Tochter) zu tun. Erst als diese Aspekte aufgeklärt waren, ging es um die eigentlichen Fakten. Vorher hatte die Mutter keine Idee, worum es ging. Sie konnte nur mit den emotionalen Komponenten arbeiten. Die gemeinsame emotionale Plattform, die sie mit ihrer Tochter aufgebaut hat, war das notwendige Fundament, um weitere Schritte zu unternehmen.

Beispiel 2

Hier ist ein weiteres Beispiel, bei welchem der Vater noch nichts über Stützendes Verstehen gelernt hat:

(Der Sohn kommt von der Schule nachhause und ist offensichtlich sauer.)

Kind: Ich gehe nie wieder in die Schule!
Vater: Was für eine Einstellung ist das denn?
Kind: Ich hasse meinen Lehrer!
Vater: Naja, man kann im Leben nicht jeden Menschen mögen.
Kind: Ich gehe nicht mehr!
Vater: Natürlich gehst Du! Wie willst Du später einen Job bekommen, wenn Du nicht zur Schule gehst?
Kind: (murmelt irgendetwas und verschwindet)

Probieren Sie auch diese kurze Sequenz mal mit jemandem aus. Welche Art von Gefühlen hat das „Kind" anschließend? Fühlt es sich verstanden und ernst genommen? Kommt es ihm vor, als ob sein Vater ihm eine Predigt hält? Dass es herumkommandiert wird?

Lassen Sie uns dieselbe Ausgangslage betrachten, dieses Mal aber weiß der Vater, wie Stützendes Verstehen funktioniert:

(Der Sohn kommt von der Schule nachhause und ist offensichtlich sauer.)

Kind: Ich gehe nie wieder in die Schule!
Vater: Du bist wohl über irgendetwas stinksauer!
Kind: Ja, ich hasse vor allem meinen Lehrer.
Vater: Ich habe den Eindruck, auf ihn bist Du besonders sauer.
Kind: Ja, er ist total unfair.
Vater: Er hat also etwas getan, das Du nicht in Ordnung findest.
Kind: Richtig. Wir hatten heute keinen Sportunterricht.
Vater: Oh – Du warst davon ausgegangen, dass Ihr Sport haben würdet, aber es kam dann anders.
Kind: Nur weil ein paar andere Kinder sich daneben benommen haben.
Vater: Also wurden alle bestraft für etwas, das ein paar andere Kinder gemacht hatten.
Kind: Ja! Das ist total unfair!

KOMMUNIKATION – KRISTALLKLAR   *IHRE BRÜCKE ZUM KIND*

Vater: Du warst sehr enttäuscht, heute keinen Sportunterricht zu haben.

Kind: Ja. Ich glaube, ich spreche morgen mit ihm darüber. Er sollte nicht uns alle bestrafen, nur weil ein paar Kinder etwas gemacht haben! (Es geht aus dem Zimmer und scheint völlig ok zu sein.)

Hier ist ein genauerer Blick auf die Geschehnisse in diesem Gespräch:

(Der Sohn kommt von der Schule nachhause und ist offensichtlich sauer.) ♥

Kind: Ich gehe nie wieder in die Schule!

Das Kind macht seine Gefühle bekannt und informiert über seinen Plan.

Vater: Du bist wohl über irgendetwas stinksauer! ♥

Der Vater spiegelt die Emotion des Kindes.

Kind: Ja, ich hasse ♥ vor allem meinen Lehrer.

Das Kind verifiziert, dass der Vater auf der richtigen Spur ist und teilt dann weitere Informationen mit.

Vater: Ich habe den Eindruck, auf ihn bist Du besonders sauer. ♥

Der Vater spiegelt wiederum die Emotion, dieses Mal noch genauer.

Kind: Ja, er ist total unfair. ♥

Das Kind offenbart weitere Information.

Vater: Er hat also etwas getan, das Du nicht in Ordnung findest. ♥

Weiteres Spiegeln hilft dem Kind, spezifischer zu werden, aber ohne zu drängen.

Kind: Richtig. Wir hatten heute keinen Sportunterricht. 🎥

Das Kind verrät nun Details darüber, was es gestört hat.

Vater: Oh – Du warst davon ausgegangen, dass Ihr Sport haben würdet, aber es kam dann anders. 🎥

Der Vater spiegelt weiter, um sicher zu sein, dass er richtig verstanden hat. Sein Tonfall zeigt seinem Sohn, dass er sich vorstellen kann, wie dieser darüber empfindet.

Kind: Nur weil ein paar andere Kinder sich daneben benommen haben. 🎥

Weitere Details vom Kind.

Vater: Also wurden alle bestraft für etwas, das ein paar andere Kinder gemacht hatten. 🎥

Vater fasst das, was er bisher vernommen hat, zusammen und bietet seinem Kind nonverbal seine emotionale Unterstützung an.

Kind: Ja! Das ist total unfair! ♥

Das Kind ist von einem allgemeinen Ausdruck der Wut zu einer spezifischen Beschreibung darüber gelangt, was es wirklich stört: unfair behandelt zu werden.

Vater: Du warst sehr enttäuscht, ♥ heute keinen Sportunterricht zu haben. 🎥

Der Vater bringt eine weitere intensive Emotion, nämlich die Enttäuschung, konkret zum Ausdruck.

Kind: Ja. Ich glaube, ich spreche morgen mit ihm darüber. ✶ Er sollte nicht uns alle bestrafen, nur weil ein paar Kinder etwas gemacht haben! (Es geht aus dem Zimmer und scheint völlig ok zu sein.) ♥

Das Kind verspürt keine Notwendigkeit mehr, sich mit seinen Gefühlen zu beschäftigen. Es ist an den Punkt gelangt, wo es in der Lage ist, praktische Lösungsansätze zu planen und ist zufrieden (und hat seine Meinung über seine zukünftigen Schulbesuche geändert!).

Was haben wir dieses Mal gesehen? Auch hier gab es eine Menge emotionale Arbeit. Bei jedem Schritt (bei welchem die „Zahnräder" einrasten) fühlte sich das Kind verstanden und unterstützt. Es hat dann weitere Details angeboten, und der Vater hat ihm geholfen, die nächste Ebene seiner Problemverarbeitung zu erreichen.

Es ist interessant zu beobachten, wie die vage Emotion des Ärgers zunehmend konkreter wurde. Es wurde dem Kind klar, dass es sich unfair behandelt fühlte und deswegen enttäuscht war (vermutlich nicht nur darüber, dass der Sportunterricht ausgefallen ist, sondern auch über das Verhalten des Lehrers).

Haben Sie bemerkt, dass das Kind von selbst auf eine Lösung gekommen ist – und zwar ohne irgendwelche praktischen Hinweise von einer anderen Person? Dies passiert oft, wenn die Emotionen von dem Elternteil erkannt, anerkannt und unterstützt werden. Es ist ein wunderbares Phänomen. Warum? Wir helfen unseren Kindern, sich in Richtung Unabhängigkeit und Verantwortlichkeit zu entwickeln. Auf diese Weise bauen Kinder auch das Selbstvertrauen auf, mit Herausforderungen selbst fertig zu werden!

Wo es gilt, besonders vorsichtig zu sein

Weniger ist mehr

Eine der größten Herausforderungen beim Einsatz des Stützenden Verstehens ist es, sich selbst davon abzuhalten, Fragen zu stellen oder Vorschläge zu unterbreiten. Es ist vollkommen natürlich, dass man als Elternteil mehr Informationen haben möchte und dies am liebsten schnell. Es ist ebenso natürlich, Vorschläge machen zu wollen, wenn Ihr Kind Schwierigkeiten hat. Schließlich haben wir wesentlich mehr Lebenserfahrung als unsere Kinder. Wir sind oft einige Schritte voraus. Dies kann in einem Zustand enden, den ich gerne das „Ja, aber" Syndrom nenne: „*Ja*, ich höre, *aber* Du solltest das nicht so sehen" oder „*Ja*, ich höre, *aber* Du solltest Dich nicht so fühlen." Unser Ziel beim Stützenden Verstehen ist die Konzentration auf das „Ja" und dessen Betonung: „*Ja*, ich verstehe, was Du meinst" und „*Ja*, ich kann mir vorstellen, wie Du Dich fühlst." Beißen Sie sich selbst auf die Zunge, wenn Sie den Drang verspüren, ein „*aber*" zu artikulieren, weil dieses Wort wie eine Verneinung des „*Ja*" Teils wirkt. Stellen Sie sich mal vor, Ihr Partner würde zu Ihnen sagt: „Ich liebe Dich, aber ..."!

In solchen Situationen werden Sie merken, dass „weniger mehr ist" – ganz wie in der Redewendung. In der ersten Version unseres ersten Beispiels führten die ganzen Fragen der Mutter ins Nichts. (Wie eine Siebzehnjährige schrieb, war ihre größte Beschwerde über ihre Mutter, dass diese „mich *immer* über *alles* ausfragt.") Das Ganze hat der Tochter in unserem Beispiel auch nicht weiter geholfen. In der ersten Version des zweiten Beispiels haben sämtliche nützliche Informationen, die der Vater angeboten hat, lediglich dazu geführt, dass sein Sohn sich von der Situation entfernt hat.

Ich weiß, wie schwer es sein kann, ausschließlich bei dem zu bleiben, was Ihr Kind Ihnen bei dem jeweiligen Schritt anbietet. Es ist aber sehr lohnenswert, wenn man sich daran gewöhnt hat. Es ist hilfreich, in die Rolle eines Reporters zu schlüpfen, der seine Beobachtungen kommentiert. In diesem Fall jedoch berichten Sie primär von den Emotionen, die Sie beobachten („Du warst sehr enttäuscht") und kommentieren die Sachinformationen, die Ihnen Ihr Kind anbietet („ ... keinen Sportunterricht gehabt zu haben"). In diesem Stadium sollten Sie *keine Fragen stellen* und *keine Zusatzinformationen oder Vorschläge anbieten!* Zugegebenermaßen ist dies eine willkürliche Vorgehensweise, aber auch die beste Möglichkeit, das Stützende Verstehen zu meistern. Später können Sie mit dem Einsatz dieser Kommunikationsform ein wenig lockerer umgehen. Für jetzt bleiben Sie bitte bei den Regeln, um die bestmöglichen Ergebnisse zu erzielen. Es ist so, als würden Sie eine neue Sportart erlernen und sich entschließen, sich an den Rat des Profis zu halten, um dann später Ihren eigenen Stil zu entwickeln, wenn Sie die Grundlagen erlangt haben.

Warum keine Fragen?

Sie fragen sich vielleicht, weshalb man keine Fragen stellen und keine Zusatzinformationen anbieten soll. Dies zu tun führt häufig zu einem Pfad, den Ihr Kind selbst nicht gewählt hätte oder zu einer Richtung, die für Ihr Kind hinsichtlich seines Fortschritts nicht maximal produktiv ist. Es würde das Spektrum an Möglichkeiten unnötig einengen.

Eine Frage, die wir Eltern besonders gerne stellen ist „warum?" „Warum hast Du das gemacht?" oder „Warum bist Du so unglücklich?" Es scheint so, dass das „warum" dazu führt, dass das Kind sich in die Ecke gedrängt fühlt. Diese Art zu fragen kann vom Kind wie eine Anschuldigung oder eine Aufforderung zur Rechtfertigung der Gefühle aufgefasst werden. Selbst Erwachsene wissen oft nicht, weshalb sie fühlen, was sie fühlen. Für Kinder ist dies eine noch größere Herausforderung.

Hier und jetzt

Sie können Ihrem Kind helfen, Probleme in eine leichter zu bewältigende Form zu bringen, indem Sie die vorübergehende Natur der Situation betonen, also das „hier und jetzt". Wenn die Freunde Ihres Kindes gerade keine Zeit haben und das Kind sagt, dass „*nie* jemand zum Spielen da ist" können Sie kommentieren: „Im Augenblick hast Du niemanden zum Spielen." Die Antwort erinnert es sanft daran, dass es ein vorübergehendes Problem und kein chronischer Zustand ist. Wie ich im letzten Kapitel geschrieben habe, sind Sie sein „Überdruckventil", indem Sie ihm helfen, seine Emotionen zu bewältigen, ohne sich überwältigt zu fühlen. Es erinnert sich daran, dass dies in der Vergangenheit bereits passiert ist und dass es dieses Problem auch schon gemeistert hat und es ihm somit auch dieses Mal gelingen wird.

Auf Kurs bleiben

Eine hervorragende Möglichkeit sicherzustellen, dass Sie auf dem richtigen Kurs sind, ist ein Start mit den Worten: „Nur dass ich Dich richtig verstehe" oder einem anderen Satz mit ähnlicher Bedeutung. Sie müssen den Satz noch nicht einmal laut sagen, aber Sie sollten diesen jedes Mal vorangestellt im Geiste durchlaufen. Dieser Beginn wirkt wie ein Wunder! Dies zu tun minimiert die Chancen, dass Sie in den Bereich der Fragen oder Vorschläge stolpern, bevor Sie es merken; Sie bleiben eher beim Empfinden des Kindes.

Wenn Sie etwas falsch machen

Und wenn Ihnen klar wird, was Ihnen gerade passiert ist und die Worte Ihren Mund bereits verlassen haben – was dann? Klopfen Sie sich auf die Schulter, weil Sie einen ersten wichtigen Schritt geschafft haben. Das Bewusstsein darüber, was Sie besser hätten machen können, bedeutet einen echten Fortschritt! Manche Eltern lassen sich an dieser Stelle entmutigen, weil ihnen bewusst wird, was sie schon seit langer Zeit besser hätten machen können. Wenn Ihnen das passiert, versuchen Sie diese Beobachtung in einer positiven Weise zu nutzen. Wir alle haben Verbesserungspotenzial, unabhängig davon, an welcher Stelle des Lernprozesses wir uns befinden. Ihr Kind wird merken, dass Sie Ihr Bestes geben.

Wut: eine besondere Emotion

„Wütend werden" ist ein eigenartiges Phänomen. Wer kennt das Gefühl der Wut nicht? Wut ist eine der grundlegenden menschlichen Emotionen, neben Gefühlen wie Trauer, Angst, Freude und so weiter. Meiner Erfahrung nach ist der Zustand der Wut jedoch häufig eine Emotion, die andere Emotionen verdeckt. Erinnern Sie sich zurück an das Beispiel des Jungen, dessen Lehrer den Sportunterricht hat ausfallen lassen. In Wirklichkeit fühlte er sich ungerecht behandelt und war enttäuscht über den abgeänderten Stundenplan. Die Situation startete jedoch mit einer diffusen Wut. Durch das Besprechen mit seinem Vater wurden ihm seine tiefer liegenden Gefühle klar. Wenn ich auf der Autobahn bin und ein aggressiver Fahrer mir den Weg abschneidet, werde ich wütend. Bald danach wird mir jedoch klar, dass ich darunter andere Emotionen verspüre. Einen kurzen Augenblick lang hatte ich Angst um meine Sicherheit, ich fühlte mich zudem respektlos behandelt und war frustriert, dass ich das Opfer eines gefährlichen Fahrers war. Werfen Sie einen Blick zurück auf Situationen, in denen Sie auf jemanden (oder sogar sich selbst) wütend waren. Wenn Sie die oberflächlichen Gefühle wegkratzen, entdecken Sie wahrscheinlich einige andere Emotionen darunter.

Scheinbar sind Wut und (in einer abgeschwächten Variante) Ärger für viele Menschen leichter zu empfinden und zu erkennen. Es setzt ein wenig „Graben" voraus, um die darunter liegenden Gefühle zu entdecken. Manchmal sind diese Gefühle unangenehmer, führen zum Eindruck der Schwäche oder Verletzbarkeit oder werden von der Gesellschaft weniger akzeptiert. Wenn Sie Ihr Kind verstehend unterstützen, dann halten Sie Ihre Augen und Ohren offen für mögliche tiefer liegende Gefühle, welche unter der anfänglichen Wut liegen.

Übungsbeispiele

Hier ist eine Liste einiger „unangenehmer" Emotionen, um Ihnen beim Beobachten ein paar Anregungen zu geben! Diese sind in Gruppen von sich überschneidenden Begriffen gegliedert.

> ängstlich, verlassen, unruhig, besorgt, erschrocken, zögerlich, nervös
> wütend, trotzig, aufgebracht, hasserfüllt, neidisch, grollend, schadenfroh, stur, nachtragend
> durcheinander, misstrauisch, zweifelnd, vorsichtig, unsicher
> einsam, enttäuscht, untröstlich, hilflos, verletzt, beleidigt, geschockt
> sauer, frustriert, schlecht gelaunt, ungeduldig, irritiert, aufgebracht
> depressiv, bekümmert, hilflos, hoffnungslos, launisch, bereuend, traurig
> blamiert, verlegen, beschämt, reumütig, schwach

Für die nächste Übung nehmen wir an, dass Sie sich selbst in der problemfreien Zone befinden. Nun bemerken Sie, dass es irgendetwas gibt, das Ihr Kind stört. Versuchen Sie einmal gute Kommentare zu entwickeln, welche Stützendes Verstehen zeigen.

1. Es hat eine Meinungsverschiedenheit gegeben und nun schreit Ihr Zehnjähriger: „Ich hasse Dich!"

   ....

2. Ihre vierjährige Tochter schürft sich ihr Knie auf und fängt an zu weinen.

   ....

3. Ihre vierzehnjährige Tochter kommt nachhause und sieht aus, als ob sie einen Geist gesehen hätte.

   ....

KOMMUNIKATION – KRISTALLKLAR   *IHRE BRÜCKE ZUM KIND*

4. Ihr zwölfjähriger Sohn sieht nervös aus und sagt, dass er „nicht zuhause" ist, wenn ein bestimmter Freund an der Tür klingelt.

   ....

5. Ihr Siebenjähriger versucht seine Hausaufgaben zu erledigen, schmeißt aber sein Heft frustriert auf den Boden.

   ....

6. Ihr Dreijähriger flippt aus, weil Sie ihm etwas, das er haben will, nicht kaufen.

   ....

Wir können natürlich nicht voraussehen, wie diese hypothetischen Gespräche verlaufen würden, aber dennoch sind hier einige meiner Ideen, wie ein Elternteil mit Stützendem Verstehen starten könnte:

1. „Mensch, Du bist echt sauer auf mich!" ♥

2. „Oh, meine Güte! Das aufgeschürfte Knie 📷 muss echt weh tun." ♥

3. „Du siehst erschrocken aus!" ♥

4. „Scheint so, als ob Du im Augenblick 📷 nichts mit ihm zu tun haben willst." ♥

5. „Es sieht für mich so aus, als ob Du Schwierigkeiten ♥ mit Deinen Hausaufgaben hast." 📷

6. „Ich weiß, dass Du unbedingt möchtest, ♥ dass ich es Dir kaufe!" 📷

Wie Sie sehen, wissen wir anfangs manchmal nicht viel über die Ursachen, die zu den jeweiligen Emotionen führen. Starten Sie einfach mit dem, was Sie bemerken – *nicht mehr und nicht weniger* – und setzen Sie den Prozess von dort aus fort.

Personenspezifische und situative Faktoren

Es gibt ein paar grundlegende Voraussetzungen, die für ein gut funktionierendes Stützendes Verstehen vorhanden sein müssen. Diese kategorisiere ich gerne in drei Gruppen: *Elternteil*, *Kind* und *Situation*. Hier sind einige Punkte, die es zu berücksichtigen gilt:

Wichtig für den Elternteil:
    Sind Sie im Augenblick interessiert?
    Haben Sie jetzt gerade Zeit?
    Sind Sie selbst in der problemfreien Zone?
    – oder –
    Können Sie Ihre eigenen Probleme zumindest für eine Weile zurückstellen?

Wichtig für das Kind:
    Ist es im Augenblick daran interessiert, über das Problem zu sprechen?
    Vertraut es dem Elternteil genug, um sich diesem anzuvertrauen?

Wichtig in Bezug auf die Situation:
    Sind die Rahmenbedingungen für ein Gespräch günstig?

Selbständig üben

Diese Kommunikationsweise können Sie jederzeit üben, wenn Sie feststellen, dass Ihr Kind sich von irgendetwas gestört fühlt. Am Ende des Kapitels gibt es ein Arbeitsblatt, in welches Sie Ihre Erfahrungen mit Stützendem Verstehen eintragen können. Diese Seite ist auf einen mehrfachen Austausch zwischen Ihnen und Ihrem Kind angelegt. Wie mit den Vorlagen der bisherigen Kapitel kann es Sinn machen, einige Kopien zur Hand zu haben.

Praktische Problemlösungsmethoden

Sie werden merken, dass es nach dem ausreichenden Lösen der emotionalen Ebene des Problems einen Punkt geben wird, an dem Ihr Kind bereit ist, das Problem von der praktischen Seite anzugehen. Es gibt viele nützliche Wege, einem Kind zu helfen, wenn es praktische Unterstützung haben möchte. Zu diesem Thema finden Sie in Anhang 1 einige Informationen.

Mehr als ein Kind

Sie fragen sich vielleicht, was zu tun ist, wenn mehrere Kinder in das Problem involviert sind. Das Ziel lautet dann, jedem Kind durch Stützendes Verstehen Hilfestellung zu leisten. Neben dieser Unterstützung für jedes Kind fungieren Sie auch als eine Art Dolmetscher, welcher dem einen Kind hilft, das jeweils andere zu verstehen, indem Sie die Gefühle jedes einzelnen Kindes spiegeln. Es ist exakt dasselbe, was Sie bisher bereits mit einem Kind getan haben, nur haben Sie es jetzt mit zwei oder mehr Kindern zu tun. Stellen Sie nur sicher, dass Sie jedem Kind ausreichend Zeit und Aufmerksamkeit schenken.

Sehr junge Kinder

Was ist, wenn Ihr Kind zu jung ist, um Wörter zu verstehen? Dann wird die nonverbale Ebene zur wichtigsten Kommunikationsform. Dies beinhaltet Stimme, Gesten, Gesichtsausdrücke, Berührungen und so weiter. Der ganze Bereich der nonverbalen Ausdrucksformen ist ohnehin extrem wichtig, auch mit älteren Kindern, weil Handlungen mehr Tragweite besitzen als Wörter. (Die verbale Kommunikation dient lediglich zur weiteren Klärung der Situation, je nachdem wie sehr Ihr Kind hierzu in der Lage ist.) Denken Sie beispielsweise an die Unterstützung eines Säuglings, wenn dieser seine ersten

Zähne bekommt, durch ein mitfühlendes „Oh, mein Kleiner – das muss Dir sehr weh tun!" während Sie mit ihm kuscheln und ihn trösten. Rein verbal würde es keinen Unterschied machen, wenn Sie ihm beispielsweise gerade die Wochentage aufzählen würden. Es sind hier die nonverbalen Elemente, die die Botschaft transportieren.

Es braucht Zeit, aber …

Fragen Sie sich, wie zeitintensiv diese Methode der Kommunikation sein wird? Ja, Stützendes Verstehen benötigt mehr Zeit als die herkömmlichen Wege – aber nur kurzfristig. Mittelfristig erbringen Sie eine wertvolle Investition in die Fähigkeiten Ihres Kindes, mit eigenen Problemen fertig zu werden, im Laufe der Zeit sogar mit immer weniger Unterstützung von den Eltern. Sie bringen Ihrem Kind bei, für sich selbst und sein eigenes Wohlergehen Verantwortung zu übernehmen. Außerdem machen Sie eine wunderbare Investition in die gemeinsame Beziehung.

Manchmal passt es einfach gerade nicht

Wenn Sie Ihrem Kind helfen wollen, aber die Situation gerade unpassend ist, können Sie beispielsweise sagen: „Ich möchte gerne mit Dir darüber sprechen. Wie wäre es, wenn wir das nach dem Mittagessen machen, wenn wir alleine sind?" So weiß Ihr Kind, dass Sie interessiert sind und darauf zurückkommen. (Es ist natürlich wichtig, Ihre Zusage einzuhalten.)

Manchmal will Ihr Kind auch schlichtweg nicht „verstanden" werden. Haben Sie auch schon jemals Ihre eigenen Gedanken sortieren müssen, bevor Sie sich jemand anderem anvertrauen? Dies ist normal, und Menschen sind diesbezüglich auch recht unterschiedlich. Viele Menschen können ihre Probleme am besten verarbeiten, wenn sie darüber sprechen, andere hingegen benötigen eher das Alleinsein. Wenn Sie glauben, Letzteres bei Ihrem Kind beobachtet zu haben, können Sie diese Vermutung ebenfalls verbal zum Ausdruck bringen mit einem Kommentar wie: „Ich schätze, Du möchtest gerade nicht darüber reden. Ich bin hier, wenn Du mich brauchst oder mit mir reden möchtest."

Notfälle

Natürlich gibt es akute Situationen, bei denen Sie einfach sofort handeln müssen, beispielsweise wenn ein medizinischer Notfall vorliegt und Sie tatsächlich keine Zeit haben, Unterstützung und Verständnis anzubieten. Solche Situationen sind jedoch die große Ausnahme. In den meisten Fällen gibt es genügend Spielraum, Stützendes Verstehen zu praktizieren, wenn Ihrem Kind ein Problem widerfährt. Wenn Ihre Tochter beispielsweise eine Wunde hat, die genäht werden muss, und sie sich weigert, kooperativ zu sein, ist dies eine Gelegenheit zu zeigen, dass Sie ihre Angst verstehen. Dann können Sie Ihrem Kind zumindest ein bisschen das Gefühl geben, Einfluss auf die Situation nehmen zu können, indem Sie fragen, was den Vorgang etwas weniger dramatisch machen könnte (beispielsweise an einem Bonbon lutschen).

Andere Übungsmöglichkeiten

Des Weiteren ist es gut, Stützendes Verstehen mit einem anderen Erwachsenen zu üben, der daran interessiert ist, diese Fähigkeit ebenfalls zu erlernen. Hier ein Hilfsinstrument, das transparent macht, wie gut sich „die Person mit dem Problem" verstanden fühlt: Nehmen Sie ein Seil und geben Sie beiden Personen jeweils ein Ende fest in die Hand. Nach jeder Aussage mit Stützendem Verstehen entscheidet die Person mit dem Problem, wie sehr sie sich verstanden fühlt und bewegt sich entsprechend entlang des Seils – näher hin zu oder weiter weg von der unterstützenden Person. Dies gibt ein klares Feedback darüber, wie gut die Übung läuft. Eine weitere Möglichkeit besteht darin, von unterschiedlichen Enden eines Raumes zu starten und sich dann entsprechend einander zu nähern.

IHREM KIND MIT SEINEN PROBLEMEN HELFEN

Versuchen und nochmals versuchen

Die Fähigkeit, die Sie gerade erlernen, ist ein Geschenk, das lebenslange Aufmerksamkeit erfordert. Behalten Sie im Auge, dass das Ziel nicht Perfektion ist, sondern dass man sein Bestes gibt. Alle Bemühungen werden reichhaltig belohnt. Meine Seminarteilnehmer sagen mir oft, dass ihnen erst im Laufe der Zeit klar wird, wie sie bestimmte Situationen besser hätten meistern können. Dies ist kein Versagen, sondern Fortschritt! In den Kursen analysieren wir manche dieser Situationen und stellen fest, was beim nächsten Mal besser gemacht werden kann. Diese Gelegenheit haben Sie ebenfalls. Es wird in Ihrer Familie garantiert ein „nächstes Mal" geben.

Nur dass Sie es wissen: Ich erwische mich selbst auch dabei, weniger als optimal zu reagieren. Als mein jüngster Sohn elf war, ist folgendes passiert. Er hat sich über das Essen in der Schule beschwert. Ich war stolz auf meine Art, mit ihm umzugehen. (Ich war selbst in einer guten Verfassung und hatte genügend Zeit!) Er fühlte sich wesentlich besser und hat einen Plan entwickelt für das nächste Mal, wenn das Essen „ekelhaft" ist. Dann sagte er zu mir: „Mama, ich spreche gerne mit Dir über Dinge." Ich fühlte mich gut. Die Geschichte geht aber noch weiter. An jenem Tag wollte er unbedingt draußen im Schnee spielen, wusste aber, dass er zuerst seine Hausaufgaben erledigen sollte. Aber siehe da, das Blatt, das er hierzu benötigte, war nicht auffindbar. Am nächsten Morgen jedoch, als er dabei war, sein Pausenbrot in den Schulranzen zu packen, ist das Blatt auf wundersamer Weise aufgetaucht. Aufgebracht habe ich gesagt: „Hättest Du gestern ein wenig gründlicher geschaut, hättest Du es gefunden und Deine Hausaufgaben machen können." Ich wusste, dass ich Recht hatte. Er starrte mich an und meinte: „Weißt Du was? Ich hasse es, mit Menschen zu sprechen, die meinen, alles besser zu wissen!" Wir alle machen mal Fehler. Versuchen Sie es einfach beim nächsten Mal erneut.

KOMMUNIKATION – KRISTALLKLAR   *IHRE BRÜCKE ZUM KIND*

Die Matrix

Am Ende des vorherigen Teils zum problemfreien Bereich haben wir uns die Matrix aus dem Blickwinkel unserer Verantwortung als Eltern angeschaut. Während wir zum Ende dieses Teils gelangen, können wir diesen Bereich der Matrix, den wir bereits behandelt haben, ausfüllen. In der Zone, in der unser Kind ein Problem hat, ist es unsere Verantwortung, ihm die benötigte Unterstützung und ausreichend Verständnis zu geben, sodass es in der Lage ist, eigenständig sein Problem zu lösen.

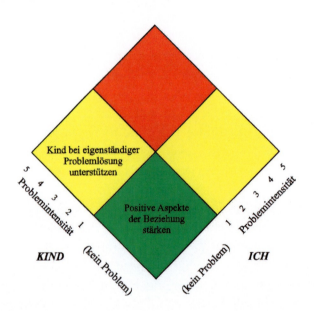

Im nächsten Teil werden wir sehen, was in der gelben Zone zu tun ist, wenn Sie selbst ein Problem haben.

IHREM KIND MIT SEINEN PROBLEMEN HELFEN

Arbeitsblatt: Stützendes Verstehen wenn mein Kind ein Problem hat

Datum:

	Situation:	Emotionen:	praktische Folgen:
	☠	♥	✂

was ich sagte:

wie das Kind reagierte:

was ich sagte:

wie das Kind reagierte:

was ich sagte:

wie das Kind reagierte:

was ich sagte:

wie das Kind reagierte:

…

…

Ergebnisse, Änderungen usw.:

KOMMUNIKATION – KRISTALLKLAR   *IHRE BRÜCKE ZUM KIND*

SICH SELBST BEI PROBLEMEN HELFEN

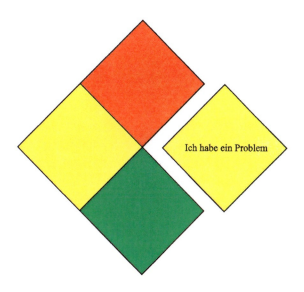

SICH SELBST BEI PROBLEMEN HELFEN

8. WARUM IHREM KIND IHR PROBLEM MITTEILEN?

Elterliche Ziele

Betrachten wir noch mal das elterliche Ziel, das ich bereits vorgeschlagen habe, anhand meiner eigenen Kinder: „Ich möchte sie in die Lage versetzen, ihre eigenen Bedürfnisse und Wünsche zu erfüllen und gleichzeitig zu respektieren, dass andere Menschen das Recht besitzen, dasselbe für sich zu tun." Im vorherigen Teil haben wir darüber gesprochen, wie wir unseren Kindern helfen können, den ersten Teil dieses Ziels zu erreichen. Weiterhin können unsere Kinder lernen, den zweiten Teil des Ziels zu erreichen, indem sie in Bezug auf *andere* Personen und *deren* Bedürfnisse sensibler werden, während sie zugleich ihre eigenen Bedürfnisse und Wünsche zu erfüllen lernen. Anders ausgedrückt: Kinder können lernen, wahrzunehmen und zu respektieren, wo die Grenzen und Rechte anderer Menschen anfangen. Dies ist eine weitere wunderbare Gelegenheit für eine Weiterentwicklung – für unsere Kinder, für unsere Beziehungen zu ihnen und für uns selbst. In diesem Teil werden wir sehen, warum es wichtig ist, unseren Kindern unsere eigenen Grenzen mitzuteilen und wie wir dies in einer konstruktiven Weise tun können.

Was benötigen Kinder, um zunehmend feinfühlig in Bezug auf unsere Bedürfnisse, Wünsche und Gefühle zu werden, vor allem wenn wir ein Problem haben? Sie brauchen klare Informationen ohne Schuldzuweisung oder Bewertung. „Ich fühle mich im Augenblick nicht so gut und würde es sehr schätzen, wenn es hier ruhiger wäre!" ist eine klare Botschaft. Dies ist wesentlich informativer als „Du bist zu laut!" Es ist auch besser, weil das Kind die Botschaft erhält, ohne sich in die Ecke gedrängt zu fühlen. Es gibt keine Beschuldigung. Die Ich-Botschaft, die wir in Kapitel 5 gelernt haben, ist eine ideale Weise der Kommunikation, wenn wir selbst ein Problem haben.

Ich-Botschaften verwenden

Da Sie durch die Verwendung im problemfreien Bereich bereits mit dieser Fähigkeit vertraut sind, haben Sie eine grundlegende Vorbereitung für den Einsatz in problematischen Zeiten. Das Ziel in dieser gelben Zone ist es, Ihrem Kind Informationen über Sie selbst und Ihr Problem zu geben und dies in einer Weise zu tun, dass Ihr Kind Ihnen *zuhören will*. Die Botschaften, die wir an dieser Stelle transportieren wollen, sind:

„Ich merke, dass mich etwas stört."
„Es ist mir wichtig, Dir meine Gefühle mitzuteilen."
„Ich hoffe, Du bist interessiert."
„Ich hätte beim Lösen dieses Problems gerne Deine Hilfe."

Wie beim Stützenden Verstehen ist es auch hier nicht notwendig, besonders wortreich zu kommunizieren. Entscheidend ist wiederum, dass die Botschaft bei Ihrem Kind ankommt.

Das Hauptziel in diesem Bereich ist es, von diesem Zustand, in dem der Elternteil Probleme hat,

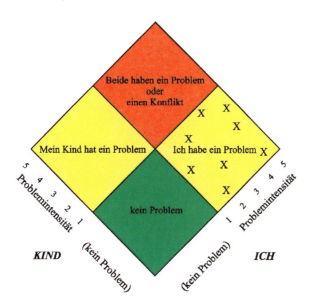

wieder in den grünen Bereich zu gelangen:

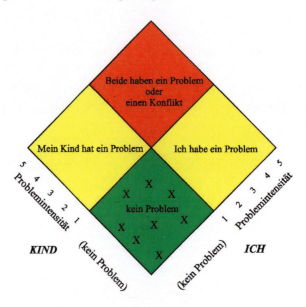

Ihrem Kind die Wahl lassen

Zusätzlich zu den potenziellen Vorteilen, die Sie selber haben, wenn Sie Ihrem Kind Ihr Problem mitteilen, hat auch Ihr Kind hierdurch Vorteile. Eine gute Ich-Botschaft gibt Ihrem Kind die Wahlfreiheit über seine Handlung. „Ich fühle mich im Augenblick nicht so gut und würde es sehr schätzen, wenn es hier ruhiger wäre!" lässt Ihr Kind selbst entscheiden, ob es freiwillig die Lautstärke reduzieren möchte, um Ihnen zu helfen. Sie bringen Ihrem Kind bei, Verantwortung für die eigenen Handlungen zu übernehmen. (Dies ist das Gegenstück zur Verantwortung, über die wir im letzten Teil gesprochen haben. Dort haben Sie Ihrem Kind vermittelt, wie man die Verantwortung für seine eigenen Bedürfnisse übernimmt. Hier vermitteln Sie Ihrem Kind, wie man die Bedürfnisse anderer Menschen respektiert.) Dies ist etwas anderes, als wenn das Kind Anweisungen empfängt (beispielsweise „Sei leise!") nur weil jemand entscheidet, dass dies zu tun ist, auch wenn es sich hierbei um einen Elternteil handelt. Es ist wichtig zu unterscheiden, dass der Prozess trotz desselben Ausgangs (geringere Lautstärke) ein deutlich anderer ist.

Vom Aspekt der Entwicklung ist es für Kinder wichtig, die Erfahrung zu machen, dass sie durch die eigenen Aktionen ihre Umgebung beeinflussen können. Kinder lernen, dass ihr Verhalten andere Menschen und deren Reaktionen beeinflusst.

Ein Vorbild sein

Wenn Sie selbst Ich-Botschaften einsetzen, dann gehen Sie Ihrem Kind gegenüber mit gutem Beispiel voran. Sie sind ein Vorbild und zeigen, dass Sie auch auf sich selbst gut aufpassen. Viele Teilnehmer meiner Untersuchung betrachteten ihre Eltern (vor allem ihre Mütter) als schlechte Vorbilder. Dies empfanden sowohl die Teenager als auch die Erwachsenen so. Hier sind ein paar beispielhafte Aussagen: „Meine Mutter sollte besser für sich sorgen!" (Junge, 17). „Meine Mutter lebt ihr Leben für andere Menschen." (Frau, 43) „Ich wünschte, meine Mutter hätte mehr Achtung vor sich selbst gehabt." (Frau, 47)

Es ist leider sehr verbreitet, dass Frauen ihre eigenen Bedürfnisse und Wünsche in der Priorität ganz unten ansiedeln. Mütter, die eine gute Selbst-Behandlung vorleben, helfen, der eben genannten Tendenz in der nächsten Generation vorzubeugen. Kinder lernen durch Nachahmung. Mädchen lernen, wie sie auf gesunde Art und Weise auf ihre Bedürfnisse achten können und Jungs sehen, dass es gut ist, wenn Frauen und Mädchen dies tun. Eine Kursteilnehmerin sagte mir neulich, dass sie begeistert sei, nun Wege zu haben, um mit ihren Kindern über Probleme zu sprechen, ohne ihre eigene Individualität opfern zu müssen.

Gerade in diesem Bereich ist es wichtig, ein gutes Vorbild zu sein, weil es für Ihr Kind in zukünftigen Beziehungen wichtig sein wird. Betrachten Sie den Unterschied zwischen „Ich bin frustriert, dass ich so lange auf Dich warten musste" und „Du bist unzuverlässig." Im ersten Fall formuliert der Elternteil sein eigenes Gefühl und die Umstände, die hierzu geführt haben. Man übermittelt dem Kind potenziell nützliche Informationen. Im zweiten Fall ist es eine reine Etikettierung des Kindes. Hieraus ist nichts Konstruktives für das Kind oder den Elternteil zu erwarten. Ihre eigene Art, mit Schwierigkeiten umzugehen, wird sich aller Wahrscheinlichkeit nach zumindest in Teilen auf Ihr Kind übertragen.

Apropos Emotionen

Ich-Botschaften vermitteln Kindern, dass es innerhalb einer vertrauensvollen Beziehung gut ist, über Gefühle zu sprechen und dass das Ergebnis hieraus oft etwas Konstruktives beinhaltet. Dies gilt sowohl, wenn der Elternteil ein Problem hat, als auch dann, wenn das Kind ein Problem hat. Viele Menschen vermeiden das Besprechen von Emotionen, vor allem wenn diese unangenehm sind. Dabei ist es gerade in diesen Situationen besonders wichtig, genau dies zu tun! Hierdurch lernen wir mehr über uns selbst und die andere Person – dies gilt für die Eltern und die Kinder gleichermaßen. Je besser wir verstehen, was in uns und in der anderen Person vorgeht, desto leichter ist es, Probleme zu lösen.

Unsere Kinder wollen meist sogar mehr über uns Eltern und unsere Gefühle erfahren. Hier noch einige Aussagen aus meiner Untersuchung: „Meine Mutter spricht mit mir nicht offen genug über ihre Probleme." (Mädchen, 17) „Mein Vater ist verschlossen. Ich weiß nicht, was nicht in Ordnung ist und wie ich ihm helfen kann." (Junge, 17) „Mein Vater sollte seine Gedanken und Gefühle häufiger zum Ausdruck bringen." (Mädchen, 17) „Ich wünschte, mein Vater hätte seine Emotionen mehr gezeigt." (Frau, 36)

Beziehungen verbessern

Dies führt zum nächsten Vorteil: Die Beziehung wird besser. Je mehr Zeit wir mit jemandem in der problemfreien Zone verbringen, desto mehr Energie haben wir für die angenehmen Seiten der Beziehung. Und je besser wir den anderen verstehen, desto tiefer kann die Beziehung werden. Ich-

SICH SELBST BEI PROBLEMEN HELFEN

Botschaften stellen die implizite Frage: „Bist Du daran interessiert, etwas über mich zu hören, was ich denke, was ich fühle?" Dies ist die Kehrseite der Botschaft, die wir beim Stützenden Verstehen mitteilen, nämlich „ich höre gerne mehr über ... wenn Du es mir sagen möchtest."

Ein Gewissen entwickeln

Wenn wir unsere Werte an unsere Kinder klar kommunizieren, dann helfen wir ihnen, ihr Gewissen weiterzuentwickeln. Ein kleines Kind, das das Familienhaustier schlägt, lernt nach einer Weile, dies nicht zu tun, weil die Eltern dies nicht gutheißen. Langsam aber sicher verinnerlicht das Kind, dass es „nicht richtig" ist, dem Haustier weh zu tun. Nun ist es zur Überzeugung des Kindes geworden und nicht lediglich der Wunsch der Eltern. Das Kind schlägt somit das Haustier auch dann nicht, wenn kein Elternteil als Zeuge in der Nähe ist, weil es Teil des eigenen Gewissens geworden ist.

Begreifen, wann sie nicht verantwortlich sind

Eltern fragen sich oft, ob sie eigene Probleme ihren Kindern gegenüber überhaupt erwähnen sollten. Sollten Eltern nicht ihre eigenen Probleme für sich behalten und selbst lösen? Ganz so einfach ist es nicht. Kinder fühlen sich oft für unschöne Situationen verantwortlich, auch wenn sie in Wirklichkeit nichts dafür können, beispielsweise wenn die Eltern sich trennen. Ich-Botschaften können helfen, dies zu klären. Klare, eindeutige Informationen („Ich bin momentan etwas ungeduldig, weil Mama und Papa gerade Schwierigkeiten haben, sich gut zu verstehen") erlöst das Kind von der selbst gestellten Frage, was es denn falsch gemacht hat, dass sein Elternteil ungeduldig wurde. Dies ist so als würden Sie feststellen, dass der gerade schlecht gelaunte Partner einen harten Arbeitstag hatte und die Laune nichts mit Ihnen zu tun hat. Es ist eine Erleichterung, diese Information zu haben.

Kooperation erlangen

Es gibt noch einen weiteren Aspekt der Ich-Botschaften. Diese haben zudem den Nebeneffekt, dass sie die Wahrscheinlichkeit erhöhen, dass Ihr Kind kooperieren möchte. Stellen Sie sich vor, wie Sie sich fühlen würden, wenn jemand, der Ihnen wichtig ist, zu Ihnen sagt: „Du bist sehr unzuverlässig!" Was wäre Ihre Reaktion darauf? Wären Sie hoch motiviert, dieser Person zu helfen? Sie wären vermutlich damit beschäftigt, dies der Person übel zu nehmen oder sich zu verteidigen. Wenn dieselbe Person zu Ihnen sagen würde: „Ich bin frustriert darüber, dass ich hier so lange auf Dich warten musste!", wie würden Sie sich dann fühlen? Selbst wenn es nicht das ist, was Sie hätten hören wollen, hätten Sie wahrscheinlich eine größere Bereitschaft, sich in die Lage des anderen hineinzuversetzen. Wir sind im Allgemeinen motivierter, jemandem zu helfen, der sein Problem schildert – was eine implizite Aufforderung zur Unterstützung ist – als jemandem, der uns kritisiert. Wir fühlen uns weniger stark in die Defensive gedrängt.

Hier ist eine wunderbare Geschichte, die ich vor kurzem am Ende einer meiner Kurse gehört habe. Vor dem Kurs hatte eine Familie erhebliche Konflikte über die Verteilung der Haushaltsaufgaben. Insbesondere war es für die Mutter schwer, den dreizehnjährigen Sohn dazu zu bewegen, kooperativ zu sein und seinen Teil beizutragen. Im Kurs lernte sie, Ich-Botschaften effektiv zu formulieren und zu benutzen. Sie berichtete eines Tages, dass sie vor Staunen fast umgefallen war, als sie mithörte, dass ihr Sohn zu seiner jüngeren Schwester sagte: „Hör zu, Du kannst auch mithelfen. Weißt Du, wie viel Arbeit Mama hier hat?"

Person vs. Verhalten der Person

Erinnern Sie sich noch an den Gedankengang, Ihr Kind als Person anzunehmen, wenn es ein Problem hat, trotz der unangenehmen Gefühle? Dies war eines der Hauptziele beim Anwenden des Stützenden Verstehens. Beim Einsatz der Ich-Botschaften gibt es ein wichtiges Ziel, das ähnlich ist.

SICH SELBST BEI PROBLEMEN HELFEN

Wenn Sie ein Problem haben, weil Ihr Kind etwas getan hat, versuchen Sie Ihre Missbilligung auf das Verhalten des Kindes zu beschränken, statt auf das Kind als Person. „Du bist sehr unzuverlässig" ist eine Kritik an der ganzen Person. „Wir hatten vereinbart, uns schon vor einer halben Stunde zu treffen, aber Du warst nicht da" ist eine Missbilligung des Verhaltens des Kindes („und ich bin frustriert, dass ich hier so lange warten musste.") Ein Kind sollte sich *als Person akzeptiert fühlen, trotz der Tatsache, dass Sie das Verhalten missbilligen*. Dies ist natürlich leichter gesagt als getan. (Manche Menschen fragen sich sogar, ob es überhaupt möglich ist, zwischen einer Person und den Handlungen dieser Person in dem Sinne zu unterscheiden.) Meine persönliche Überzeugung ist, dass wir diese Unterscheidung so deutlich wie möglich treffen sollten. Ich betrachte dies als ein weiteres Ziel, das wir uns als Eltern setzen können – wohl wissend, dass wir nie perfekt darin sein werden. Wir geben einfach unter den jeweiligen Umständen unser Bestes.

Bestrafung und Konsequenzen

Oh, das ist ein kontroverses Thema! Warum nicht einfach das Kind für sein „schlechtes" Verhalten bestrafen, statt lange Erklärungen abzugeben? Meiner Meinung nach schadet Bestrafung der Beziehung zwischen Kind und Elternteil. Wie würden Sie sich fühlen, wenn Ihr Partner Sie bestrafen würde, wenn Sie etwas getan haben, das ihm nicht gefällt? (Vielleicht haben Sie dies sogar schon selbst erlebt). Wie haben Sie sich als Kind gefühlt, wenn Sie bestraft wurden? Versuchen Sie, sich an ein paar ganz bestimmte Anlässe zu erinnern. Waren Sie voller Enthusiasmus, es Ihren Eltern Recht zu machen und beim nächsten Mal besser zu sein? Oder waren Sie aufgebracht und wollten sich revanchieren? Vielleicht hätten Sie Ihre Eltern daraufhin gerne angelogen. Vielleicht haben Sie Ihre Gefühle dann für sich behalten. Warum sollte Ihr Kind anders fühlen?

Bestrafung lenkt tendenziell auch von den eigentlich bedeutsamen Aspekten der Situation ab. Wir haben bereits die notwendigen Fähigkeiten geübt, um uns auf das Verhalten des Kindes und das Übertreten der Grenzen einer anderen Person (bzw. das Verletzen der Rechte einer anderen Person) konzentrieren zu können. Bestrafung wirkt auf Kinder wie eine willkürliche Handlung der Eltern. Hierdurch ist ein Kind meistens so sehr in seine eigene Reaktion auf die Bestrafung involviert, dass es ihm sehr schwer fällt, die Situation aus der Sicht des Elternteils zu sehen. Dies ist kontraproduktiv und einer der Hauptgründe, weshalb Bestrafungen zumindest langfristig nicht den gewünschten Effekt erzielen.

Viele Eltern sind der Meinung: „Ich bin selbst als Kind bestraft worden und es hat mir nicht geschadet" oder „Wenn es mir nicht geschadet hat, schadet es auch meinem Kind nicht." Mit vielen solchen Eltern habe ich gearbeitet. Was meistens passiert ist, dass sie im Laufe der Zeit feststellen, wie sehr sie sich als Kinder gedemütigt und verletzt gefühlt haben. Diese Eltern wollen ihren Kindern nicht das Gleiche antun. Oft ist es schwirig, wenn wir feststellen, dass unsere eigenen Eltern nicht perfekt waren und dass wir manche Handlungen alles andere als gut heißen.

Wie ist es nun mit „Konsequenzen"? Es wird in diesem Zusammenhang viel über „natürliche" und „logische" Konsequenzen im Gegensatz zu „konstruierten" Konsequenzen gesprochen. Ein Beispiel einer natürlichen Konsequenz ist es, wenn man aufgrund mangelnder Kleidung draußen friert. Ein Beispiel für eine konstruierte Konsequenz ist der abendliche Hausarrest eines Teenagers, der von seiner Verabredung zu spät zurückgekommen ist. Diese Art von Konsequenz wird von manchen Eltern als akzeptabel und „natürlich" gewertet, weil sie in Beziehung zu dem „Vergehen" bezüglich der Sperrstunde steht. Hierdurch erscheint es den Eltern „logisch". Es ist hierbei für die Eltern hilfreich, sich zu fragen, ob die Konsequenz quasi von alleine passiert ist (als natürliche Konsequenz einer anderen Tatsache) oder ob es deshalb geschehen ist, weil die Eltern dies entschieden haben, also ob es sich um eine konstruierte Konsequenz handelt. Selbst wenn die konstruierte Konsequenz mit der Handlung des Kindes in Zusammenhang steht und somit logisch erscheint, fühlt es sich für das Kind an wie eine Strafe, die ihm von seinen Eltern verhängt wurde. Konstruktiver wäre es, dem Teenager mitzuteilen, dass man sich Sorgen gemacht habe und die Frage zu stellen, wie solche Situationen in Zukunft anders ablaufen könnten. Es ist wichtig, in sich selbst hinein zu schauen und nach den Gründen für die Bestrafung zu fragen. Oft empfinden wir es als die letzte Maßnahme, wenn nichts anderes zu funktionieren scheint und uns die Optionen ausgehen. Es gibt aber viel effektivere Wege, mit problemverursachenden Verhaltensweisen von Kindern umzugehen. Hierüber werden wir im nächsten Kapitel weiter sprechen und üben.

KOMMUNIKATION – KRISTALLKLAR   *IHRE BRÜCKE ZUM KIND*

9. WIE SIE REDEN, SODASS IHR KIND ZUHÖREN WILL

Bevor wir anfangen, Ich-Botschaften zu üben: Lassen Sie uns überprüfen, ob Sie sich wirklich im gelben Bereich, in welchem Sie selbst ein Problem haben, befinden. Woher wissen Sie dies? Woher wissen Sie, dass Ihr Kind gerade kein Problem hat? Werfen Sie noch einmal einen Blick auf die Listen, die Sie im ersten Kapitel gemacht haben unter „Wie ich feststelle, dass mit meinem Kind gerade etwas ‚nicht stimmt'" sowie „Wie ich merke, dass bei mir selbst gerade etwas ‚nicht stimmt'". Vielleicht sind Sie auf der Basis Ihrer zwischenzeitlichen Beobachtungen in der Lage, die Liste weiter zu ergänzen.

Ich-Botschaften einsetzen (oder eben nicht!)

Beispiel 1

Hier ist ein Austausch zwischen einer Mutter und ihrem Sohn, bevor die Mutter von Ich-Botschaften wusste:

> (Der Sohn kommt vom Spielen rein, ist äußerst glücklich und von oben bis unten voller Dreck.)
> Mutter: Schau mal, was Du für ein Dreckspatz bist!
> Kind: (überrascht) Bin ich nicht! Ich habe nur gespielt.
> Mutter: Natürlich bist Du ein Dreckspatz. Schau Dir den ganzen Dreck auf Deiner Hose an.
> Kind: Aber ich konnte nichts dafür!
> Mutter: Ja, klar. Warum kannst Du nicht vorsichtiger sein? Das ist echt rücksichtslos von Dir.
> Kind: Aber ich konnte nichts dafür! Ein Junge hat mich geschubst und dann bin ich gefallen.
> Mutter: Deine Ausreden interessieren mich nicht. Kein Spielen mehr im Freien diese Woche!
> Kind: (weinend) Ich hasse Dich! Du bist so gemein!

Was ist hier wirklich erreicht worden? Probieren Sie dies als Rollenspiel mit einer Freundin oder einem Partner aus. Wie fühlt sich das Kind? Empfindet es, dass die Mutter es mag und als Person wertschätzt, trotz des Drecks? Ist ihm klar, weshalb die Mutter sauer ist? Fühlt es sich als Person abgewertet? Fühlt es sich in die Ecke und zu einer Rechtfertigung gedrängt? Wie fühlt sich die Mutter? Glaubt sie, dass ihr Sohn die Gründe für ihren Ärger versteht? Ist sie mit sich selbst und der Art des Umgangs mit der Situation zufrieden? Ist sie gefrustet? Fragt sie sich, wie die Stimmung zwischen ihrem Sohn und ihr so schnell in den Keller rutschen konnte?

Halten Sie fest, dass das Kind, das im problemfreien Bereich gestartet ist, jetzt ein Problem hat. Die Mutter hat weiterhin ein Problem. Die Situation ist zu einem Konflikt zwischen den beiden eskaliert; sie befinden sich in der roten Zone. Niemand ist glücklich. Die Bedürfnisse und Wünsche werden weder beim einen noch beim anderen erfüllt.

Hier ist die gleiche Situation nochmals – nur, dass die Mutter dieses Mal Ich-Botschaften verwendet:

> (Der Sohn kommt vom Spielen rein, ist äußerst glücklich und von oben bis unten voller Dreck.)
> Mutter: Oh, nein! Schau Dir den ganzen Dreck an! Ich hatte nicht erwartet, dass Du so aussehen würdest!
> Kind: (überrascht) Naja, meine Hose ist ziemlich schmutzig.
> Mutter: Hm ... das ist für mich ein Problem. Die Hose ist so dreckig, dass ich sie so noch nicht einmal in die Waschmaschine stecken kann! Und ich habe echt keine Lust, sie vorab mit der Hand zu waschen.
> Kind: Kein Problem, Mama. Ich mache es für Dich!
> Mutter: Die Idee gefällt mir!

Die meisten von Ihnen denken wahrscheinlich: „ja, klar." Meine Kursteilnehmer sagen oft das Gleiche – und kommen dann in der Folgewoche zurück und berichten von ähnlichen Erfahrungen. Lassen Sie

SICH SELBST BEI PROBLEMEN HELFEN

uns einen Blick auf die zweite Version, ein Beispiel aus dem richtigen Leben, werfen – unter der Zuhilfenahme von Symbolen und Kommentaren. Wir verwenden hierbei die gleichen Symbole wie bisher: eine *Videokamera* für eine faktische Beschreibung der Situation, ein *Herz* für die Gefühle und *Pfeile* für die praktischen Folgen.

(Der Sohn kommt vom Spielen rein, ist äußerst glücklich ♥ und von oben bis unten voller Dreck.) 🎥

Das Kind hat scheinbar kein Problem.

Mutter: Oh, nein! Schau Dir den ganzen Dreck an! 🎥 Ich hatte nicht erwartet, ♥ dass Du so aussehen würdest!

Die Mutter beschreibt, was sie sieht, sowie ihre Gefühle der unangenehmen Überraschung. Ihr Sohn hat etwas getan, das ein Problem für sie darstellt.

Kind: (überrascht) ♥ Naja, meine Hose ist ziemlich schmutzig. 🎥

Das Kind befindet sich weiterhin in der problemfreien Zone.

Mutter: Hm ... das ist für mich ein Problem. ♥ Die Hose ist so dreckig, 🎥 dass ich sie so noch nicht einmal in die Waschmaschine stecken kann! ↗ Und ich habe echt keine Lust, sie vorab mit der Hand zu waschen. ♥

Die Mutter formuliert explizit, dass sie ein Problem mit der schmutzigen Hose hat. Sie erklärt die praktischen Konsequenzen und gibt weitere Informationen zu ihren Gefühlen preis.

Kind: Kein Problem, Mama. ♥ Ich mache es für Dich! ↗

Das Kind ist motiviert, seiner Mutter beim Problem zu helfen und bietet einen praktischen Lösungsvorschlag an.

Mutter: Die Idee gefällt mir! ♥

Die Mutter befindet sich wieder in der problemfreien Zone.

In dieser Unterhaltung ermöglicht die Mutter es dem Kind, in der problemfreien Zone zu bleiben, obwohl sie sich selbst im Problembereich befindet. Da das Kind durch seine Mutter nicht als „schlechtes Kind" bezeichnet wird, fühlt es sich nicht in die Defensive gedrängt. Stattdessen ist es in der Lage, sich auf die Lösung des Problems zu konzentrieren. Dennoch ist die Mutter in der Lage, ihrem Kind mitzuteilen, dass sie über die dreckige Hose nicht glücklich ist. Die Situation ist nicht eskaliert und es gab keine verletzten Gefühle. Mutter und Sohn haben sich beide schnell im problemfreien Bereich wieder gefunden. Halten Sie fest, dass beide einander die ganze Zeit respektvoll behandelt haben.

Dies ist ein guter Zeitpunkt, um ein wenig mehr über „Konsequenzen" zu sprechen. In der ersten Version dieses Beispiels hat die Mutter entschieden, dass ihr Sohn den Rest der Woche nicht mehr draußen spielen sollte. Das löst natürlich das Problem der schmutzigen Sachen, oder? Die „Konsequenz" war von der Mutter willkürlich ausgewählt. Dies ist lediglich eine andere Art, das Wort „Bestrafung" auszudrücken. Bestrafen bedeutet: jemandem wegen seines Verhaltens eine Konsequenz aufzuerlegen. Eine Bestrafung ist eine Konsequenz, über die von jemand anderem entschieden wurde, also eine konstruierte Konsequenz. In der zweiten Version unseres Beispiels erklärt die Mutter die natürliche Konsequenz, dass die Hose von Hand gewaschen werden muss, bevor diese in die Waschmaschine gesteckt werden kann. Dies bringt ein deutlich anderes Gefühl mit sich als die Bestrafung! Es ist die direkte Folge des Sachverhalts und keine willkürliche Entscheidung und somit viel leichter für das Kind zu verstehen und zu akzeptieren.

SICH SELBST BEI PROBLEMEN HELFEN

Beispiel 2

Hier ist ein weiteres Beispiel, bei welchem die Mutter noch nichts über Ich-Botschaften gelernt hat (oder diese vielleicht kennt, aber einfach gerade nicht in der Lage ist, diese zu nutzen):

> (Die Mutter möchte sich vor dem Ausgehen zurecht machen und stellt fest, dass die Hälfte ihres Make-ups fehlt.)
> Mutter: Das war ziemlich hinterhältig von Dir, mein Make-up ohne Erlaubnis einfach zu nehmen!
> Teenager: (schweigt)
> Mutter: Was glaubst Du, wer Du bist, einfach meine Sachen so zu nehmen?
> Teenager: (rollt die Augen in Richtung Himmel)
> Mutter: Antworte mir! Was traust Du Dich da bloß? Du hast Dein eigenes Make-up.
> Teenager: Ach, lass mich einfach in Ruhe!

Probieren Sie die Rollen von Mutter und Tochter in dieser Nicht-Unterhaltung aus. Was denkt und empfindet die Tochter? Wie ist es mit der Mutter? Sie haben bestimmt bereits einige Ansätze, wie es besser gemacht werden könnte.

Werfen wir einen Blick auf die gleiche Situation mit dem Verwenden von Ich-Botschaften seitens der Mutter:

> (Die Mutter möchte sich vor dem Ausgehen zurecht machen und stellt fest, dass die Hälfte ihres Make-ups fehlt.)
> Mutter: (unangenehm überrascht) Hey, mein halbes Make-up fehlt!
> Teenager: (schweigt)
> Mutter: Ich muss gleich los und jetzt habe ich nicht, was ich brauche. Das ist echt frustrierend!
> Teenager: (kleinlaut) Ja, ich wollte ein wenig experimentieren, als Du gestern weg warst.

Mutter: Ich würde es sehr schätzen, wenn Du mich zuerst fragen würdest, statt es einfach zu nehmen.
Teenager: Ja, Du hast Recht. Es tut mir leid. Es ist alles in meinem Zimmer. Ich hole es Dir schnell.

Lassen Sie uns noch einmal genauer betrachten, was in diesem kurzen Gespräch passiert ist:

(Die Mutter möchte sich vor dem Ausgehen zurecht machen und stellt fest, dass die Hälfte ihres Make-ups fehlt.)

Mutter: (unangenehm überrascht) Hey, mein halbes Make-up fehlt! ♥

Die Mutter formuliert eine Tatsache, und ihr Tonfall signalisiert eindeutig, dass sie nicht glücklich darüber ist.

Teenager: (schweigt)

Mutter: Ich muss gleich los ✗ und jetzt habe ich nicht, was ich brauche. ✗ Das ist echt frustrierend! ♥

Mutter liefert weitere Informationen über ihr Dilemma und ihre Gefühle.

Teenager: (kleinlaut) ♥ Ja, ich wollte ein wenig experimentieren, ♥ als Du gestern weg warst. ✗

Die Tochter fühlt sich reumütig und verteidigt sich, indem sie ihre Gründe aufführt.

Mutter: Ich würde es sehr schätzen, ♥ wenn Du mich zuerst fragen würdest, statt es einfach zu nehmen. ✗

Die Mutter bietet eine Alternative an, die für sie in Ordnung gewesen wäre.

SICH SELBST BEI PROBLEMEN HELFEN

Teenager: Ja, Du hast Recht. Es tut mir leid. ♥ Es ist alles in meinem Zimmer. Ich hole es Dir schnell.

Die Tochter versteht die Perspektive der Mutter und unternimmt, was sie kann, um Abhilfe zu schaffen.

Was ist nun hier passiert? Die Mutter hat darauf verzichtet, Anschuldigungen über den Charakter ihrer Tochter zu machen und blieb stattdessen bei den Fakten. Sie hat klar zum Ausdruck gebracht, was sie gestört hat und was sie empfunden hat. Die Tochter befand sich kurzzeitig in dem Bereich, in dem auch sie ein Problem hatte (sie fühlte sich schuldig in Bezug auf ihr Verhalten), aber war in der Lage, nach kurzer Zeit wieder in den problemfreien Zustand zurück zu kehren. Dies war ihr deshalb möglich, weil ihre Mutter weiterhin auf einem konstruktiven Pfad blieb, unter Verwendung von Ich-Botschaften. Die Tochter war sowohl bereit als auch willens, mit ihrer Mutter und nicht gegen sie zu arbeiten.

In beiden Versionen des letzten Beispiels sind wir aus einer Ausgangslage gestartet, in der der Elternteil ein Problem hatte und das Kind nicht. Als die Tochter mit ihrer Handlungsweise konfrontiert wurde, geriet die Situation auch für sie in den problembehafteten Bereich (auch wenn dies bei der zweiten Variante wesentlich weniger stark ausgeprägt war). Dies passiert oft. Schließlich bekommt niemand besonders gerne gesagt, dass das eigene Handeln ein Problem für jemand anderen darstellt. In der Sprache unserer Matrix befinden wir uns in der roten Zone, in der ein Konflikt herrscht. Mit diesem Bereich werden wir uns im nächsten Teil dieses Buches beschäftigen. Besonders bemerkenswert ist hier, wie gut die Ich-Botschaften beim Minimieren von Konflikten und der Eskalation verletzter Gefühle funktionieren.

Wo es besonders vorsichtig zu sein gilt

"Du-Botschaften"

Es gibt etwas sehr Subtiles bei einer aufrichtigen Ich-Botschaft. Es muss eine wirkliche Reflektion der Gefühle des Elternteils sein und keine versteckte Kritik am Kind. Manchmal ist es schwierig, eine genaue Unterscheidung zu treffen. Beispiele für „Du-Botschaften", die auf den ersten Blick Ich-Botschaften zu sein scheinen: „Ich habe das Gefühl, dass Du rücksichtslos bist" oder „Ich habe ein Problem damit, dass Du so unzuverlässig bist." Beim ersten Beispiel könnte eine echte Ich-Botschaft lauten: „Ich hatte gehofft, dass Du das Bad sauber machst, nachdem Du es benutzt hast. Ich bin ein wenig enttäuscht" oder im zweiten Beispiel „Ich hatte mich darauf verlassen, dass Du zu einer bestimmten Zeit zuhause sein würdest und bin jetzt gefrustet, weil ich nun zu spät zu meinem Termin kommen werde."

Hierbei ist es hilfreich, an die Elemente zu denken, die wir anhand der Symbole identifiziert haben: Die jeweilige Situation, die Gefühle und die praktischen Konsequenzen. Eine „Du-Botschaft" beinhaltet diese wichtigen Elemente in der Regel nicht. Stattdessen kritisiert sie das Kind und drängt es meistens in die Ecke, statt das Problem des Elternteils zu schildern.

Selbst bei optimal formulierten Ich-Botschaften kann es vorkommen, dass sich das Kind angegriffen fühlt. Vielleicht ist Ihr Kind augenblicklich nicht daran interessiert, etwas über Ihre Gefühle zu hören. Vielleicht hat Ihre Ich-Botschaft dazu geführt, dass Ihr Kind nun ebenfalls ein Problem verspürt. Dann befinden Sie sich gemeinsam im roten Bereich. Wie Sie wissen, haben Sie ja den entsprechenden Teil dieses Buches noch vor sich!

Hier und jetzt

Wie beim Stützenden Verstehen ist es auch hier nützlich, sich auf die aktuelle Situation zu konzentrieren. Statt zu sagen: „Du lässt Deine Schuhe *immer* im Flur liegen und sie sind mir im Wege" können sie sagen: „Deine

Schuhe liegen im Flur und sie sind mir im Wege." Dies ist konkreter und bietet dem Kind eine Chance, die Situation zu berichten. Auf diese Weise fühlt sich das Kind vermutlich besser, als wenn es daran erinnert wird, wie häufig dies in der Vergangenheit bereits passiert ist. Dies wiederum ermöglicht dem Kind eine höhere Kooperationsbereitschaft und einen größeren emotionalen Spielraum, eine gemeinsame Lösung zu finden. Sie profitieren also beide davon. (Natürlich ist es nur menschlich, dass man es satt hat, etwas zum hundertsten Mal zu sagen. Dies ist aber ein etwas anders gelagertes Problem als das der im Flur liegenden Schuhe. Sie können auch hierbei Ich-Botschaften einsetzen, um zum Ausdruck zu bringen, wie es Ihnen geht, wenn Sie das gleiche Problem wieder und wieder erleben.)

Kritik „zum Wohle des Kindes"?

Falls Sie gerne über Themen der Kindererziehung nachdenken, haben Sie hier eine schwere Nuss zu knacken: Was ist „konstruktive Kritik"? Ich denke gerade an solche Kommentare wie: „Ich sage es Dir nur zum eigenen Wohlergehen" oder „Wenn ich es Dir nicht sage, wird es sonst niemand tun." Haben wir Eltern eine Art moralische Verpflichtung, unsere Kinder darauf hinzuweisen, was mit ihnen „nicht in Ordnung" ist? Haben wir überhaupt das Recht hierzu? Es lohnt sich, uns selbst auf einer tieferen Ebene zu betrachten, um unsere eigene Motivation für „konstruktive Kritik" herauszufinden.

Übungsbeispiele

Wenn Sie ein paar Anregungen für das Beschreiben von „unangenehmen" Emotionen brauchen, dann schauen Sie zurück auf die Liste in Kapitel 7 unter „Übungsbeispiele".

Bei den folgenden Übungen gehen wir davon aus, dass Ihr Kind in der problemfreien Zone startet, aber Sie sich von etwas gestört fühlen. Versuchen Sie, klare Ich-Botschaften zu formulieren.

1. Sie erinnern sich gerade daran, dass Sie noch einige dringende Büroarbeiten erledigen müssen, obwohl Sie schon zuhause sind, haben aber Ihrer Tochter versprochen, dass Sie sie zum Reitunterricht fahren.
   ....

2. Niemand hat den Müll hinausgebracht, obwohl Sie mehrere Male darum gebeten haben.
   ....

3. Das Abendessen ist auf dem Tisch, aber die Kinder spielen trotz des mehrmaligen Rufens weiter.
   ....

4. Sie machen sich Sorgen um Ihren Vater, der ernsthaft erkrankt ist.
   ....

5. Es ist schon längst Schlafenszeit und Ihre Kinder werden von Minute zu Minute wilder.
   ....

6. Ihr Teenager hat etwas aus dem Schreibwarengeschäft geklaut.
   ....

Natürlich weiß ich nicht, wie diese Gespräche verlaufen würden oder ob Sie überhaupt ähnliche Gefühle entwickeln würden wie ich, aber hier sind einige Ideen, wie ein Elternteil mit einer Ich-Botschaft anfangen könnte:

1. „Oh nein! Ich habe total vergessen, dass ich heute Nachmittag noch dringend Papierkram zu erledigen habe. ☠ Jetzt bin ich besorgt, ♥

da ich nicht weiß, wie ich das erledigen und Dich auch noch zum Reitunterricht fahren kann."

2. „Ich habe Euch Kinder drei Mal gebeten, den Müll hinauszubringen. Jetzt steigt so langsam der Frust in mir hoch. Außerdem steht der Müll mir hier im Weg."

3. „Hey Leute, das Essen wird kalt! Ich würde mich freuen, wenn Ihr gleich kommen würdet, wenn ich Euch rufe."

4. „Hört mal zu, es fällt mir im Moment schwer, geduldig zu sein. Ich mache mir Sorgen um Opa. Ihr wisst, dass er ziemlich krank ist."

5. „Es ist Schlafenszeit. Ich mache mir Sorgen, dass Ihr morgen müde sein werdet. Außerdem brauche ich ein wenig mehr Ruhe, sodass Mama und ich sprechen können."

6. „Mir ist es peinlich und ich bin enttäuscht, dass Du geklaut hast!"

Personenspezifische und situative Faktoren

Es gibt bestimmte grundlegende Voraussetzungen, die erfüllt sein müssen, damit Ich-Botschaften gut funktionieren. Diese teile ich in drei Kategorien ein: *Elternteil*, *Kind* und *Situation* – die gleichen, die wir beim Stützenden Verstehen verwendet haben:

Wichtig für den Elternteil:
  Wollen Sie mit Ihrem Kind über Ihr Problem sprechen?

Wichtig für das Kind:
  Möchte es momentan zuhören?
  Befindet es sich in der problemfreien Zone?
  – oder –
  Ist es dennoch in der Lage zuzuhören?

Wichtig in Bezug auf die Situation:
  Sind die Rahmenbedingungen für ein Gespräch günstig?

Selbständig üben

Versuchen Sie diese Art der Kommunikation, wann immer Sie merken, dass Sie sich von etwas gestört fühlen. Am Ende dieses Kapitels finden Sie ein Arbeitsblatt wie im Kapitel 7 (nur mit einer anderen Überschrift). Wie Sie bereits gesehen haben, sind die entscheidenden Elemente einer Ich-Botschaft die gleichen wie beim Stützenden Verstehen: Denken Sie an die Videokamera, das Herz und die Pfeile. Diese beziehen sich jeweils auf die Person, die gerade das Problem hat. Benutzen Sie eine Seite für mehrere Austauschsequenzen zwischen Ihrem Kind und Ihnen.

Sehr junge Kinder

Wie ist es mit dem Einsatz von Ich-Botschaften bei Kindern, die zu jung sind, um zu verstehen, was man sagt? Wie beim Stützenden Verstehen sind die nonverbalen Teile Ihrer Botschaft die Hauptträger der Information. Wenn ein Baby nach Ihrer Brille greift und Sie reagieren, indem Sie diese ablegen, dann lernt das Baby, dass Sie sein Grabschen nach Ihrer Brille nicht mögen. Wenn ein Kleinkind an Ihren Haaren zieht und Sie mit einem aufrichtigen „Aua, das tut Mama weh!" reagieren, dann kommt Ihre Botschaft an. Dies sind klare Ich-Botschaften.

SICH SELBST BEI PROBLEMEN HELFEN

Gut investierte Zeit

Sie fragen sich möglicherweise, wie zeitintensiv diese Methode der Kommunikation ist. Wie beim Stützenden Verstehen benötigen auch Ich-Botschaften mehr Zeit als weniger konstruktive Arten der Kommunikation – aber wiederum nur kurzfristig. Mittelfristig führt es jedoch dazu, dass die gleichen Probleme in der Regel nicht wieder und wieder auftauchen, sodass Sie in Wirklichkeit im Endeffekt Zeit sparen. (Es ist so, als würden Sie Geld auf die Bank bringen. Natürlich ist dies zunächst ein Opfer, aber langfristig haben Sie mehr Geld zur Verfügung.) Sie investieren in die Fähigkeit Ihres Kindes, die Gefühle anderer Menschen zu respektieren, und in die Beziehung zwischen Ihrem Kind und Ihnen.

Wut

Erinnern Sie sich noch an die Gedanken zum Thema Wut? Dies ist lediglich eine Erinnerung, Ausschau nach anderen Emotionen zu halten, die vielleicht unter der Oberfläche sind. Interessant ist, dass Wut oft auf eine andere Person gerichtet wird. Sich auf Wut und Beschuldigungen zu konzentrieren ist meistens leichter als das Betrachten eigener Emotionen wie Angst, Verlegenheit oder Frust. Es ist schwieriger, in den Spiegel zu schauen. Ich-Botschaften sind eine Fähigkeit für das ganze Leben. Geben Sie einfach Ihr Bestes und Sie werden sich immer weiter verbessern.

Notfälle

Wie beim Stützenden Verstehen gibt es auch hier Situationen, bei denen es wichtiger ist, aktiv zu werden als zu reden, beispielsweise wenn die Sicherheit Ihres Kindes in Gefahr ist. Aber selbst im Anschluss an eine solche Situation kann eine klare Ich-Botschaft Ihre Gefühle zum Ausdruck bringen. „Ich war zu Tode erschreckt, als ich Dich auf die Straße in Richtung des Autos habe laufen sehen!" kommuniziert exakt, wie Sie sich gefühlt haben.

Andere Übungsmöglichkeiten

Zusätzlich zum Üben mit Ihrem Kind können Sie Ich-Botschaften durch Rollenspiele mit Ihrem Partner oder einem Freund, der am Erlernen dieser Fähigkeit interessiert ist, üben. Wie in Kapitel 7 beschrieben, können Sie auch hier ein Seil verwenden oder einfach den Abstand zwischen Ihnen beiden variieren, um zu signalisieren, wie sehr Sie sich beim Verwenden einer Ich-Botschaft verstanden fühlen. Dies gibt einen guten Hinweis darauf, wie gut die Übung läuft.

Weise Worte

Hier sind ein paar Vorschläge, die mir geholfen haben:

Erstens habe ich festgestellt, dass meine Kinder sehr viel eher bereit sind, mir zuzuhören, wenn ich sie zunächst frage: „Interessiert Dich, was ich denke (oder wie ich mich fühle)?" bevor ich in die Sache eintauche. Hierdurch haben sie die freie Wahl, ja oder nein zu sagen – und sie sagen fast immer ja.

Zweitens empfehle ich Ihnen, Ich-Botschaften kurz und bündig zu halten! Kinder konzentrieren sich meistens besser, wenn die Botschaft simpel ist. Manchmal ertappe ich mich selbst dabei, mit irgendwelchen Ausführungen fortzufahren und stelle dann fest, dass meine Kinder mein Reden bereits ausgeblendet haben.

Drittens habe ich festgestellt, dass es oft möglich ist, eine positive Ich-Botschaft zu verwenden, auch wenn ich wirklich ein Problem habe. Neulich schrieb ich konzentriert, und einer meiner Söhne war ebenso konzentriert – nämlich darauf, so viel Lärm zu machen wie möglich. Ich habe etwas ausprobiert, indem ich gesagt habe: „Weißt Du was? Ich bin sehr stolz auf Dich, wenn Du daran denkst, leise zu sein, damit ich mich auf meine Arbeit konzentrieren kann." Er sah überrascht aus und nickte. Nach einer Weile nahm die Lautstärke wieder zu und ich schaute in seine Richtung. Er meinte zu seinem Bruder mit einem Grinsen im Gesicht: „Ach, stimmt! Mama ist echt stolz auf mich, wenn ich daran denke, ruhig zu sein!" Ich habe nicht immer die Geduld und die Voraussicht, so vorbildlich zu handeln, aber es funktioniert sehr gut, wenn mir dies gelingt.

Die Matrix

Lassen Sie uns einen weiteren Teil der Matrix analog zu den anderen Teilen ausfüllen. In der Zone, in der wir selber ein Problem haben, ist es unsere elterliche Verantwortung, unsere eigenen Bedürfnisse klar zu artikulieren.

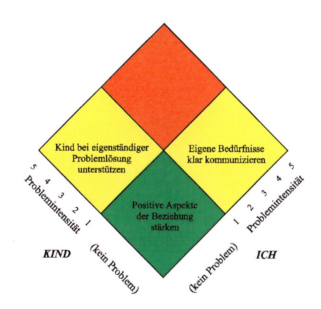

Im nächsten Teil werden wir in der roten Zone arbeiten, in der sowohl Sie als auch Ihr Kind ein Problem haben.

KOMMUNIKATION – KRISTALLKLAR   *IHRE BRÜCKE ZUM KIND*

Arbeitsblatt: Ich-Botschaften wenn ich ein Problem habe

Datum:

                        Situation: Emotionen: praktische Folgen:

was ich sagte:

wie das Kind reagierte:

was ich sagte:

wie das Kind reagierte:

was ich sagte:

wie das Kind reagierte:

was ich sagte:

wie das Kind reagierte:

…

…

Ergebnisse, Änderungen usw.:

GEMEINSAME PROBLEME LÖSEN

10. KONSTRUKTIV MIT KONFLIKTEN UMGEHEN

Dies ist nun der Teil, auf den Sie warten, seitdem Sie dieses Buch zum ersten Mal in die Hand genommen haben. Die gute Nachricht ist: Sie besitzen bereits alle benötigten Fähigkeiten, um mit Konfliktsituationen konstruktiv umgehen zu können! Die Vorgehensweise in der roten Zone ist eine Zusammensetzung aller Komponenten, die Sie bereits kennengelernt haben. Das einzig Neue ist, dass Sie nun geschickt mit Stützendem Verstehen und

Ich-Botschaften jonglieren müssen, je nachdem, welche dieser beiden Vorgehensweisen im jeweiligen Augenblick benötigt wird. Sie werden hin und her wandern zwischen diesen beiden Fähigkeiten, die Sie in den gelben Zonen der Matrix verwendet haben. Es ist ein wenig, als würden Sie bei einem Theaterstück zwei verschiedene Rollen spielen. Betrachten wir den Darsteller der einen Rolle als ein riesiges Ohr und den der anderen Rolle als einen riesigen Mund. In dem „Theaterstück" interagieren beide Darsteller mit der anderen Person (Ihrem Kind) innerhalb des Konflikts. Die beiden Darsteller haben jeweils eine bestimmte Rolle zu spielen:

Erste Rolle (Stützendes Verstehen):

👂 „Nur dass ich Dich richtig verstehe: …"

Danach hat das Kind die Gelegenheit zu antworten.

Zweite Rolle (Ich-Botschaft):

👄 „Ich möchte, dass Du auch mich verstehst: …"

Danach hat das Kind die Gelegenheit zu antworten.

Diese Art von Sequenz wiederholt sich dann so oft wie nötig. Die nächste Sequenz sieht vielleicht eher so aus:

👂 „Das heißt, wenn … passiert, dann fühlst Du Dich …" (Stützendes Verstehen)

Danach hat das Kind die Gelegenheit zu antworten.

👄 „Und mein Problem ist, dass wenn … passiert, dann fühle ich mich …" (Ich-Botschaft)

Danach hat das Kind die Gelegenheit zu antworten.

GEMEINSAME PROBLEME LÖSEN

Es ist wichtig, die Rolle des großen Ohrs (Stützendes Verstehen) so lange zu spielen, bis Ihr Kind sich verstanden fühlt. Nur dann wird es die Bereitschaft besitzen, Ihre Sichtweise zu betrachten. Dann können Sie in die Rolle des Mundes (Ich-Botschaften verwendend) schlüpfen. Das ist der Zeitpunkt, zu dem Sie die Gelegenheit haben, über *Ihren* Standpunkt zu sprechen. In Kürze werden wir dies genauer beleuchten.

In diesem Teil versuchen wir, Probleme zu lösen und somit von diesem Zustand, in dem sowohl der Elternteil als auch das Kind ein Problem hat,

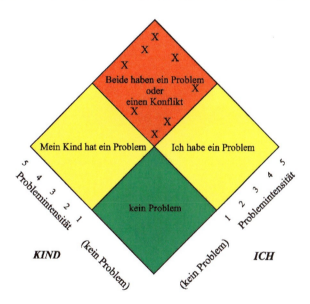

mit Zwischenstationen in den gelben Bereichen, in welchen beide Personen ihre jeweiligen Probleme ansprechen,

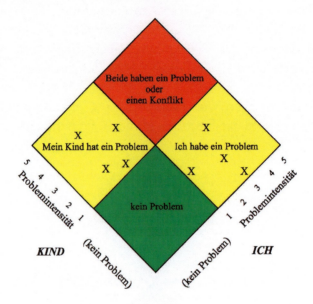

zum grünen Bereich zu gelangen:

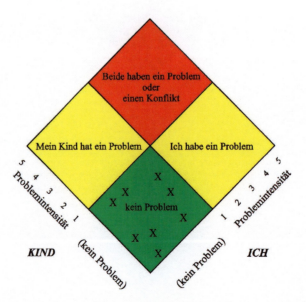

GEMEINSAME PROBLEME LÖSEN

Dies ist ein ganz anderes Resultat als Ergebnisse aus vielen anderen Methoden der Konfliktbewältigung. In Familien, in denen es den Eltern um eine autoritäre Herangehensweise geht, bekommen die Kinder kein faires Mitspracherecht. Die Eltern lösen vielleicht ihre eigenen Probleme, aber die Kinder verbleiben im gelben Bereich. Auf der anderen Seite gibt es Eltern, die äußerst freizügig sind. Die Kinder bekommen das, was sie wollen, aber die Bedürfnisse der Eltern sind nicht erfüllt, sodass diese im gelben Bereich verbleiben.

In diesem Teil werde ich nicht wiederholen, wie Sie Stützendes Verstehen und Ich-Botschaften effektiv formulieren. Mein Ziel war es, durch die Verwendung der gleichen Struktur für die beiden vorherigen Teile des Buches (unter Wiederholung einiger Kernpunkte) zu demonstrieren, dass Stützendes Verstehen und Ich-Botschaften zwei Seiten derselben Medaille sind. Sie werden in diesem Teil auch die Symbole (Kamera, Herz, Pfeile) nicht wiederfinden. Ich hoffe, dass Sie mit den Elementen, die diese Symbole repräsentieren, mittlerweile sehr vertraut sind. An dieser Stelle sollten Sie sich auf die Art der Botschaft – Stützendes Verstehen oder Ich-Botschaft – konzentrieren sowie darauf, wie Sie möglichst effektiv zwischen dem einen und dem anderen hin- und herwechseln können.

Wie man Konflikte nicht löst

Stellen Sie sich die Situation vor, in der ein siebenjähriges Kind seinen Salat nicht essen will. Der Elternteil möchte natürlich, dass es diesen isst. Es gibt also einen Interessenskonflikt. Es gibt viele Herangehensweisen, die nicht optimal sind. Einige davon sind unten aufgeführt. Versetzen Sie sich in die Lage desjenigen, der diese Worte zu hören bekommt. (Vielleicht sprechen Sie diese sogar zu sich selbst vor dem Spiegel.) Schreiben Sie Ihre eigenen Reaktionen darauf anschließend nieder.

Aussage:	Meine Reaktionen:
Du bist so stur!	………..………………

KOMMUNIKATION – KRISTALLKLAR   *IHRE BRÜCKE ZUM KIND*

Du wirst nie ein großer, starker Junge werden. ....

Kein Salat, kein Nachtisch! ....

Ich habe eine Idee: Denk einfach an etwas anderes. ....

Du hast zehn Minuten, dann pass auf! ....

Du brauchst beim Essen immer zu lange. ....

Das sage ich Papa, wenn er nachhause kommt. ....

Du machst mich verrückt! ....

Das bringt mich ans Ende meiner Geduld. ....

Iss auf, sonst … ....

Du sollst mehr Gesundes und weniger Müll essen. ....

Was ist denn überhaupt das Problem? Iss doch! ....

Klar, für ein Eis hättest Du sicher noch Platz. ....

Wie man es besser machen kann

Vermutlich wird keine dieser Bemerkungen dazu führen, dass Sie sich selbst gut fühlen. Wie hätte der Elternteil das Gespräch in dieser Konfliktsituation in einer konstruktiveren Weise beginnen können? Hier sind ein paar Vorschläge zum Gesprächseinstieg. Stellen Sie sich wiederum vor, dass Sie diese Kommentare in einer nicht beschuldigenden Weise hören. Notieren Sie auch hier Ihre Gefühle.

    Aussage: Meine Reaktionen:

👂 Du hast sehr wenig Salat gegessen. ....

👂 Ich frage mich, ob Du den Salat magst. ....

GEMEINSAME PROBLEME LÖSEN

☺ Der Großteil des Salates ist noch auf Deinem Teller.

....

☺ Du hast die Nudeln komplett aufgegessen.   ....

☺ Sieht so aus, als ob Dir die Nudeln geschmeckt haben.

....

Die Bemerkungen signalisieren Stützendes Verstehen. Das Kind hat die Chance zu reagieren ohne sich kritisiert, bedroht oder in die Ecke gedrängt zu fühlen. Es würde beispielsweise antworten mit: „Ja, der Salat schmeckt furchtbar!" oder „Wenigstens sind die Nudeln echtes Essen!" In einer idealen Situation ist die Mutter in der Lage, so lange mit dem Stützenden Verstehen fortzufahren, bis sich das Kind vollkommen verstanden fühlt. Dies löst allerdings nicht das Problem, dass die Mutter möchte, dass das Kind den Salat isst, was das Kind hingegen nicht möchte. Die Interessen stehen weiterhin im Konflikt zueinander. Hier sind ein paar Ansätze, die die Mutter dann verwenden könnte, um ihre Gedanken und Gefühle an das Kind weiter zu geben. Prüfen Sie, wie Sie sich fühlen würden, wenn Sie diese Aussagen hören würden.

       Aussage: Meine Reaktionen:

👄 Ich würde Dir gerne sagen, was ich hierüber denke.

   (Bist Du interessiert, es zu hören?)   ....

👄 Ich möchte gerne, dass Du Deinen Salat isst.   ....

👄 Ich würde Dir gerne sagen, warum es gut ist, den Salat zu essen.

   (Soll ich?)   ....

👄 Ich möchte, dass Du gesund bleibst.   ....

KOMMUNIKATION – KRISTALLKLAR   *IHRE BRÜCKE ZUM KIND*

- Ich sorge gerne für Dich. ....
- Ich gebe Dir gerne gesundes Essen, das Dir hilft, groß und stark zu werden. ....
- Ich bin enttäuscht, wenn ich Essen vorbereite und Du es nicht isst. ....

Diese Bemerkungen sind Ich-Botschaften. Sie informieren das Kind deutlich über den Standpunkt der Mutter zum Thema. Die Mutter maximiert die Chancen, dass ihr Kind ihr zuhört. Natürlich stellt dies keine Garantie dar, aber es funktioniert meistens gut. Wenn beide einander verstehen, dann ist es an der Zeit, über praktische Lösungen nachzudenken, sofern nicht ohnehin schon spontan eine Lösung gefunden wurde. Es gibt von hier aus viele gute Wege. Im Anhang 1 finden Sie einige Möglichkeiten.

Hier ist ein Beispiel dafür, wie das Gespräch über den Salat unter besseren Umständen hätte laufen können:

Mutter:	☺	Ich sehe, dass noch Salat auf Deinem Teller ist.
Kind:		Ja, ich hasse Salat! Ich esse den nicht.
Mutter:	☺	Du magst andere Sachen lieber.
Kind:		Wenigstens waren die Nudeln gut.
Mutter:	☺	Naja, ich kann verstehen, dass Du lieber Nudeln isst.
Kind:		Richtig!
Mutter:		Möchtest Du hören, was ich denke?
Kind:		Na gut ...

GEMEINSAME PROBLEME LÖSEN

Mutter: 🙂 Ich möchte gerne sehen, dass Du Sachen isst, die Dir helfen, gesund zu bleiben.

Kind: Hm.

Mutter: 🙂 Ich würde mich sehr freuen, wenn Du einen Teil des Salates essen würdest.

Kind: Wie wär's, wenn ich die Hälfte esse – würde Dich *das* dann glücklich machen?

Mutter: 🙂 Die Idee gefällt mir!

Vielleicht denken Sie gerade, dass das im echten Leben nicht so gut funktioniert. Manchmal trifft das zu. Sie werden jedoch erstaunt sein, wie oft es tatsächlich funktioniert. Was für ein Konzept – Kinder mit einem solchen Respekt zu behandeln! Kinder werden meistens dazu erzogen, ihre Eltern und andere Erwachsene zu respektieren. Sie werden überrascht sein, wie kooperativ und vernünftig Kinder sind, wenn sie ebenso behandelt werden. Wenn ich gerade wenig Geduld habe, frage ich mich, ob ich mit einem Freund genauso reden würde, wie ich in dem Moment mit meinem Kind spreche. Dies kann eine ernüchternde Erkenntnis darstellen.

Hier ist ein weiteres Beispiel für einen Problemlösungsprozess, bei dem beide Parteien sich am Ende besser fühlen und einander besser verstehen:

Kind: Warum sprichst Du in so einem bösen Ton mir mir? Ich hab' doch nichts gemacht!

Mutter: 🙁 Du magst die Art nicht, wie ich mit Dir spreche.
🙂 Es tut mir leid. Du hast nichts falsch gemacht. Ich bin einfach auf Deine Schwester sauer. Anscheinend bin ich dadurch insgesamt nicht so gut drauf.

Kind: Das finde ich aber trotzdem unfair.

Mutter: 👂 Ich verstehe, wie Du empfindest, wenn ich so mit Dir sprehe.

👄 Ich bin froh, dass Du mir sagst, wie Du fühlst!

Übungsbeispiele

Versuchen Sie für jedes dieser Beispiele ein entsprechendes Stützendes Verstehen und eine klare Ich-Botschaft zu finden.

1. Ihre Tochter weigert sich, das Spielen zu unterbrechen, um aufzuräumen; Gäste werden jederzeit eintreffen.

👂 ....

👄 ....

2. Ihr Teenager will nicht mit der Familie in Urlaub fahren, aber Sie sind nicht bereit, ihn alleine zuhause zu lassen.

👂 ....

👄 ....

3. Ihre Kinder haben Hunger; Sie möchten noch nicht kochen.

👂 ....

👄 ....

GEMEINSAME PROBLEME LÖSEN

4. Ihr Kind will weiter fernsehen, aber es ist Zeit ins Bett zu gehen.

   ☺ ....

   ☻ ....

5. Ihr Kind kommt immer wieder aus dem Bett; Sie wollen Zeit für sich haben.

   ☺ ....

   ☻ ....

6. Ihre Kinder streiten sich und sind aggressiv miteinander.

   ☺ ....

   ☻ ....

Und hier sind ein paar meiner Ansätze für Stützendes Verstehen und Ich-Botschaften:

1. ☺ Du würdest jetzt lieber weiterspielen als aufzuräumen.
   ☻ Ich hätte das Wohnzimmer lieber aufgeräumt, bevor unsere Gäste eintreffen.

2. ☺ Ich verstehe, dass es Dir mehr Spaß machen würde, hier zu bleiben und Deine Freunde zu sehen, als mit uns in Urlaub zu fahren.

👂 Ich würde mir Sorgen machen, wenn Du allein im Haus bist und wir so weit weg sind.

3. 👄 Ihr Kinder habt großen Hunger und wollt sofort essen!

   👂 Ich würde gerne noch diese eine Seite zu Ende lesen, bevor ich das Essen vorbereite.

4. 👄 Die Sendung ist so spannend.

   👂 Ich möchte, dass Du morgen früh ausgeschlafen bist.

5. 👄 Du scheinst Schwierigkeiten beim Einschlafen zu haben.

   👂 Mama und Papa hätten wirklich gerne ein wenig Zeit füreinander.

6. 👄 Ihr zwei seid stinksauer aufeinander!

   👂 Ich habe Angst, dass sich jemand verletzt.

Selbständig üben

Die jeweilige Rolle beibehalten

Manchmal ist es eine ziemliche Herausforderung, die jeweilige Rolle im Auge zu behalten, wenn Sie sich inmitten eines Konflikts befinden. Je mehr Klarheit Sie darüber besitzen, ob Sie sich gerade auf die andere Person konzentrieren (mit Stützendem Verstehen) oder Ihren eigenen Standpunkt erläutern (mit Ich-Botschaften), desto konstruktiver wird der Prozess. Um diese Klarheit leichter beizubehalten, finden Sie am Ende dieses Kapitels auf einer Seite ein großes Ohr und einen großen Mund abgebildet. Fertigen Sie hiervon eine Kopie an und schneiden Sie diese in zwei Teile. Wann immer Sie sich durch einen Konflikt arbeiten, stellen Sie sicher, dass Sie zu jedem

GEMEINSAME PROBLEME LÖSEN

Zeitpunkt das eine oder das andere Bild hochhalten (nicht beide gleichzeitig!). Hiermit wird klar, ob Sie gerade Stützendes Verstehen oder Ich-Botschaften anwenden. Auch Kindern macht dies Spaß. Sie wollen oft ihre eigenen Ohr- und Mundexemplare haben, die sie dann während Konfliktgesprächen benutzen können.

Mehr als zwei Personen

Wenn mehr als zwei Personen in den Konflikt involviert sind, dann wird die Angelegenheit natürlich ein wenig komplizierter. Versuchen Sie die Situation in einzelne Teile auseinanderzupflücken, mit denen Sie umgehen können. Verwenden Sie Stützendes Verstehen beispielsweise mit jeweils einem der Kinder, bis sich jedes Kind verstanden fühlt. Sprechen Sie dann mit den Kindern über Ihren eigenen Standpunkt, wenn sie dann zuhören können.

Kinder im Konflikt miteinander

Manchmal benötigen Kinder bei Konflikten untereinander Ihre Hilfe, auch wenn Sie sonst nicht am Problem beteiligt sind. (Sie selber befinden sich in der grünen Zone.) Setzen Sie Stützendes Verstehen mit jedem Kind hintereinander oder abwechselnd ein. Dies hilft den Kindern, sowohl sich selbst als auch das andere Kind besser zu verstehen. Ihre Rolle ähnelt der eines Übersetzers oder Mediators, der zum einen Kind sagt: „Also – was ich Deinen Worten entnehme ist, dass wenn ... passiert, dann fühlst Du Dich ...". Dann wenden Sie sich an das andere Kind und sagen etwas wie: „Ich will nun sicher sein, dass Du das auch verstanden hast. Kannst Du nachvollziehen, wie sich Deine Schwester momentan fühlt?"

Natürlich kann eine solche Situation Sie als Elternteil durchaus aus der grünen Zone hinausbefördern. In diesem Fall müssen Sie an jeder Stelle des Prozesses entscheiden, welche Kommunikationsform (Stützendes Verstehen oder Ich-Botschaft) mit Ihren Kindern im jeweiligen Moment am konstruktivsten ist.

Die Hitze des Augenblicks vermeiden

Es ist oft leichter, einen Konflikt zu lösen, wenn man sich nicht gerade mittendrin befindet. Dann sind die Emotionen nicht so stark im Vordergrund. Dadurch wird es leichter, sich auf Lösungen zu konzentrieren und somit einen vergleichbaren Konflikt in der Zukunft zu vermeiden. Finden Sie eine Zeit, in der die Schuhe gerade nicht im Flur herumliegen und Ihre Kinder nicht inmitten einer wichtigen Aktivität sind. Dann können Sie sagen: „Hey, wenn ich nach dem Einkaufen reinkomme und der Flur mit Schuhen voll ist, dann habe ich Angst, darüber zu stolpern. Was können wir tun, damit das in Zukunft nicht mehr passiert?" Sie bekommen dann mehr Kooperationsbereitschaft sowie kreative Vorschläge von Ihren Kindern, als wenn Sie sich mitten im Problem befinden.

Kein Konflikt, sondern nur gleichzeitige Probleme

Wenn Sie sich in der roten Zone befinden (wo Sie und auch die andere Person ein Problem haben), gibt es nicht zwingend einen Konflikt. Vielleicht hatten Sie im Büro einen schlechten Tag und Ihr Kind ist über ein Geschehen in der Schule unglücklich. Es gilt dann, eine gute Balance zu finden zwischen der Aufmerksamkeit, die Sie Ihrem Kind schenken und dem Aufpassen auf sich selbst. Sie müssen mit Stützendem Verstehen und Ich-Botschaften jonglieren und das richtige Maß finden, welches Ihnen beiden im jeweiligen Moment gerecht wird. Wie sie sich bestimmt vorstellen können, können solche Situationen leicht zu Konflikten werden, weil man, wenn einen etwas stört, natürlich empfindlicher ist als sonst. Aber wir haben ja jetzt eine wunderbare Palette von Fähigkeiten, um die Gefahr, dass dies passiert, zu minimieren!

Konflikte können beängstigend sein

Ich kenne viele Erwachsene, für die es schwierig ist, sich Konflikten zu stellen. Für viele ist es eine neue Erfahrung, offen über die eigenen Gefühle zu sprechen – und das auch noch in einer Situation, in der auf beiden Seiten starke und unangenehme Emotionen herrschen. Gehen Sie auf diesem Weg einfach in Ihrem eigenen Tempo. Ihre Kinder werden froh sein, dass Sie offener sind. Wie eine 47-jährige Frau mit Rückblick auf ihre Kindheit geschrieben hat: „Ich hätte gerne offene und ehrliche Gespräche mit meiner Mutter gehabt, aber sie hat sich immer in Konfliktsituationen zurückgezogen. Auch hätte ich gerne einen Vater gehabt, mit dem ich Dinge wirklich hätte besprechen und in einer fairen Weise diskutieren können!"

Wenn Sie sich mit diesen neuen Arten des Umgangs miteinander zunehmend wohl fühlen und Ihr Kind das spürt, dann wird sich auch Ihr Kind dabei immer besser fühlen. Eine Mutter hat am Ende eines Elternkurses freudig erzählt, dass ihre schüchterne 14-jährige Tochter bereits viel tapferer geworden war, wenn es darum ging, schwierige Themen anzusprechen und Konflikte zu bereinigen.

Vergessen Sie hierbei nicht, dass die Menschen und die Beziehungen nach wie vor wichtiger sind als die Details eines Problems und die Frage, wie Sie dieses lösen können.

Wenn keine Einigung in Sicht ist

Manchmal erscheint es so, als ob man bei einer Meinungsverschiedenheit keinen Schritt vorwärts kommt. Es gibt jedoch fast immer zumindest irgendetwas, auf das man sich einigen kann, beispielsweise das Gespräch zeitlich zu verlegen, Hilfe von einer dritten Partei zu holen oder zuerst nur einen Teil des Problems zu lösen. Wie ich bereits in vorherigen Teilen des Buches erwähnt habe, hilft es, sich auf das „hier und jetzt" zu konzentrieren, statt vergleichbare Situationen aus der Vergangenheit hervorzuholen. Dadurch erscheinen die aktuellen Schwierigkeiten weniger überwältigend.

Wie einer meiner Söhne beim Lesen dieses Manuskripts festgestellt hat, können Konflikte eine gute Gelegenheit sein, um auf ein gemeinsames Ziel hinzuarbeiten, nämlich das Problem gemeinsam zu lösen. Wenn Sie einfach nur weit genug blicken, finden Sie immer auch gemeinsame Interessen, selbst bei Parteien, die sich gerade bekriegen – sonst wären sie schließlich nicht miteinander beschäftigt. Der Trick besteht darin, eine Lösung zu finden, die für alle gut ist, statt sich darauf zu konzentrieren, zu beweisen, dass man selbst „richtig" und der andere „falsch" liegt. Letztendlich wollen wir alle im grünen Bereich sein.

Die Matrix

Nun können wir den letzten Teil der Matrix füllen. In dieser Zone ist es unsere Verantwortung als Eltern, die Konflikte so konstruktiv wie möglich zu lösen.

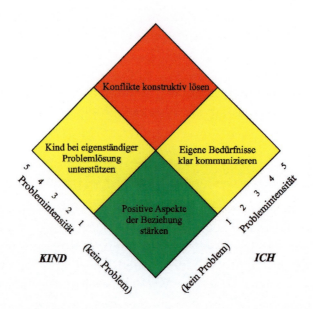

Im Folgenden finden Sie eine leicht veränderte Vorlage zum Aufzeichnen Ihrer Problemlösungssitzungen. Dort gibt es nicht nur Platz zum Notieren wichtiger Gesprächselemente – wie bereits bei den bisherigen Vorlagen – sondern auch für die Einteilung Ihrer Äußerungen in die Kategorie des Stützenden Verstehens (abgebildetes Ohr) oder der Ich-Botschaft (abgebildeter Mund). Viel Spaß und gutes Gelingen!

GEMEINSAME PROBLEME LÖSEN

Arbeitsblatt: Stützendes Verstehen und Ich-Botschaften bei Konflikten

Datum:

               Botschaft: Situation: Emotionen: praktische Folgen:

☺ oder ☹

was ich sagte:

wie das Kind reagierte:

was ich sagte:

wie das Kind reagierte:

was ich sagte:

wie das Kind reagierte:

was ich sagte:

wie das Kind reagierte:

…

…

Ergebnisse, Änderungen usw.:

KOMMUNIKATION — KRISTALLKLAR   *IHRE BRÜCKE ZUM KIND*

FAZIT: DAS ENDE DES ANFANGS

Die Matrix

Einer meiner Klienten, ein Ingenieur, hat mich darauf hingewiesen, dass man die Matrix auch auf eine andere Weise betrachten kann. Wenn wir die Matrix in der Mitte in eine linke und eine rechte Hälfte teilen, können wir die linke Seite als den Bereich des „Stützenden Verstehens" und die rechte Seite als die der „Ich-Botschaft" betrachten. Schauen Sie sich die Matrix doch auch einmal aus diesem Blickwinkel an:

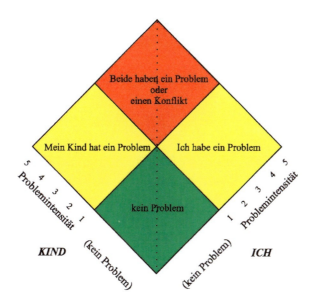

Es ist ein Prozess

In meiner Arbeit mit Eltern sehe ich immer wieder, dass sie diese Informationen in der jeweiligen Geschwindigkeit und Tiefe aufnehmen, die für sie in ihrer jeweiligen Ausgangslage angebracht ist. Es kommt sehr darauf an, wo sie sich innerhalb des Prozesses gerade befinden. Aus diesem

Grund kann es sehr sinnvoll sein, dieses Buch zu einem späteren Zeitpunkt wiederholt in die Hand zu nehmen, vielleicht in ein paar Monaten. Sie werden die Informationen anders aufnehmen als beim ersten Mal. Zudem sind wiederholte Hinweise beim Erlernen neuer Fähigkeiten nützlich. Das Beste ist: Sie erhalten die Gelegenheit festzustellen, wie weit Sie seit dem ersten Lesen schon gekommen sind. An Ihren persönlichen Geschichten bin ich sehr interessiert. Gehen Sie auf www.kommunikation-kristallklar.de und kontaktieren Sie mich.

Wie geht es jetzt weiter?

Liebe Eltern, Sie sind schon sehr weit gekommen! Ich hoffe, dass Sie bereits Wege gefunden haben, Inhalte aus diesem Buch in Ihren Alltag zu integrieren. Es sind Fähigkeiten, die es für den Rest des Lebens zu behüten und zu entwickeln gilt. Vielleicht haben Sie auch festgestellt, dass die eingeübten Fähigkeiten in anderen Beziehungen ebenso wertvoll wie in Eltern-Kind Beziehungen sind. Jetzt haben Sie die Chance, die Welt zu einem besseren Ort zu machen, indem Sie in Ihrer eigenen Familie beginnen und Ihre Kenntnisse zu Ihrem Umgang mit vielen, vielen anderen Menschen ausweiten. Machen Sie das Beste aus Ihrem Wissen! Ich gebe Ihnen noch ein paar Fragen mit, die Sie auf Ihrer Reise verwenden können.

Wie können Sie versuchen, die andere Person besser zu verstehen?
Wie können Sie es der anderen Person erleichtern, Sie besser zu verstehen?

Bei meiner eigenen Suche nach Lösungen für komplexe Kindererziehungsangelegenheiten habe ich von Zeit zu Zeit eine Therapeutenkollegin konsultiert, die viele Jahre Erfahrung in der Arbeit mit Kindern hat. Als ich einmal am Ende meiner Geduld angekommen war, habe ich sie gefragt: „Warum passiert gerade *mir* so was? Warum *ich*?" Sie schaute mich weise an und sagte: „Weil *Sie* es können!" Das ist meine Abschlussbotschaft an Sie: Sie schaffen es auch!

ANHANG 1. PRAKTISCHE PROBLEMLÖSUNGSMETHODEN

Nachdem Sie bei Ihrem Kind Stützendes Verstehen angewendet haben und glauben, dass es sich im eigentlichen Problemlösungsmodus befindet, ist es sinnvoll zu überprüfen, ob dies tatsächlich der Fall ist. Sie können weiterhin Stützendes Verstehen nutzen und etwas sagen wie: „Jetzt scheint es mir, als ob Du Dich fragst, *wie* Du mit der Situation umgehen kannst." Wenn die emotionalen Komponenten nicht mehr im Vordergrund stehen, brauchen wir praktische Ideen für Lösungen. Hier finden Sie ein paar Methoden, die ich als nützlich empfinde.

„6-Schritt" Methode

Dies ist eine weit verbreitete Methode zum vorurteilslosen Sammeln von Ideen. Sie eignet sich sowohl zum Einsatz in der Familie als auch in anderen Gruppen.

1. Den Konflikt bzw. das Ziel definieren

Dieser Schritt stellt sicher, dass alle involvierten Personen den angestrebten Zustand verstehen und sich darüber einig sind. Das Problem beinhaltet nicht zwingend einen Konflikt.

Vielleicht gibt es ein gemeinsames Problem und die beteiligten Personen kooperieren, um gemeinsam eine Lösung zu finden. (Ein Konflikt kann ebenso betrachtet werden, wenn man berücksichtigt, dass alle dahingehend dasselbe Ziel haben, dass der Konflikt gelöst werden soll.) Beispiel: Die Familie versucht zu entscheiden, wohin es im Urlaub gehen soll.

2. „Brainstorming"

Hierbei geht es darum, so viele Ideen wie möglich zu sammeln, ohne diese in Bezug auf deren Nützlichkeit oder Praktikabilität zu bewerten. Streichen Sie

Kommentare wie: „Das funktioniert nicht, weil …", um die Kreativität nicht zu behindern. Kinder haben oft tolle Ideen, wenn sie ermutigt werden. „Ich finde, wir sollten ein Raumschiff besorgen und zum Mond fliegen!" ist vielleicht nicht die Endlösung, aber es ist wunderbar, wenn ein Vierjähriger an einem ernsthaften Familiengespräch teilhaben kann.

3. *Evaluierung*

An dieser Stelle werden die einzelnen Vorschläge auf ihre Nützlichkeit hin überprüft. Hierbei können Sie durchaus mit Ihren Kommunikationsfähigkeiten arbeiten, um die Diskussion konstruktiv zu halten. „Das würde ich sehr gerne machen – was für eine Idee! Schade, dass es dieses Jahr zu teuer für uns ist."

4. *Entscheidung*

Nun wird eine Entscheidung darüber getroffen, welcher Vorschlag der beste zu sein scheint. „Gut, dann haben wir uns also darauf verständigt, dass drei Wochen Strandurlaub für dieses Jahr die beste Wahl ist."

5. *Implementierung*

In dieser Phase werden Entscheidungen darüber getroffen, wer was wann, wo und wie macht. „Ich rufe diese Woche die Hundepension an, um einen Platz für den Hund zu reservieren."

6. *Nachfassen*

Schreitet alles wie geplant voran, sind weitere Punkte zu klären oder weitere Aufgaben zu verteilen usw.?

ANHANG 1. PRAKTISCHE PROBLEMLÖSUNGSMETHODEN

Offene Fragen

Es gibt eine Reihe von Fragen, die Sie Ihrem Kind stellen können, um diesem einen Anstoß in Richtung Ideenfindung zu geben. Hier sind ein paar Möglichkeiten:

1. *Was wird anders sein, wenn Du das Problem gelöst hast?*

Dies hilft Kindern, sich über ihr genaues Ziel klar zu werden (beispielsweise auf der Party blendend auszusehen, statt eine ganz bestimmte Jeanshose tragen zu müssen).

2. *Was würde (bester Freund, Vorbild, etc.) in dieser Situation tun?*

Dies ist nützlich, wenn es darum geht, das Problem aus verschiedenen Perspektiven zu betrachten.

3. *Was hat in ähnlichen Situationen schon mal funktioniert?*

Kinder stellen fest, dass sie in der Vergangenheit bereits erfolgreich waren und durchaus Problemlösungsfähigkeiten besitzen.

4. *Ich frage mich, was passieren würde, wenn Du ... versuchen würdest.*

Kinder können verschiedene Varianten im Kopf durchspielen, bevor sie eine Entscheidung treffen.

5. *Lass uns so tun, als ob Du (Person x) bist und ich tue so, als ob ich Du wäre. Wir können verschiedene Lösungen ausprobieren und schauen, was passiert.*

Dies ist eine gute Möglichkeit, eine andere Perspektive einzunehmen und verschiedene Szenarien durchzuspielen.

KOMMUNIKATION – KRISTALLKLAR   *IHRE BRÜCKE ZUM KIND*

6. Was könnte es zu einem geringeren Problem für Dich machen?

Vor allem in Situationen, die nur sehr schwer vermeidbar sind (zum Beispiel in die Schule zu gehen oder eine Impfung zu erhalten), ist dies ein guter Weg, das Kind ein wenig Kontrolle über die Geschehnisse verspüren zu lassen.

7. Was würdest Du tun, um das Problem viel, viel schlimmer zu machen?

Dies ist eine meiner Lieblingsfragen, weil es viel Spaß machen kann. Kinder haben so gut wie immer eine Antwort auf diese Frage. Wenn sie dann wissen, wie man die Situation verschlechtern kann, kennen sie auch den Umkehrschluss, nämlich wie sie die Situation verbessern können.

ANHANG 2. HÄUFIG GESTELLTE FRAGEN

Was ist an diesem Buch wirklich neu?

Diese neue Betrachtungsweise von Problemsituationen führt Sie zu einem intuitiven Verständnis, was zwischen Eltern und Kindern schief läuft und warum es schief läuft. Es gibt klare Leitlinien darüber, welche kommunikativen Fähigkeiten wann einzusetzen sind, mit Schritt-für-Schritt-Anleitung zur Umsetzung. Es ist vergleichbar mit dem Unterschied zwischen einem Haufen Bausteine und einer erkennbaren, strukturierten Anordnung dieser Bausteine.

Ist es nicht künstlich, einen theoretischen Ansatz im Umgang mit den eigenen Kindern zu wählen?

Ja, die Theorie ist immer ein wenig anders als die Praxis. Vor allem wenn alles wie am Schnürchen läuft, dann machen wir uns meist keine Gedanken über irgendeinen theoretischen Rahmen. Aber wenn Schwierigkeiten auftauchen, dann ist das der Zeitpunkt, einen solchen theoretischen Rahmen zu haben, um Klarheit zu finden. Hierdurch ist es leichter, mit den Einzelheiten der Echtsituation umzugehen. Es ist etwa so, als würden Sie im theoretischen Teil bei der Fahrschule erfahren, dass Sie bei doppelter Geschwindigkeit den vierfachen Bremsweg benötigen, statt diese Erfahrung auf der Straße zu machen.

Ist dies ein Allheilmittel für Probleme zwischen Eltern und Kindern?

Nein, aber es ist näher dran als irgendetwas anderes, das ich bisher kennengelernt habe!

Kostet dieser Ansatz nicht zu viel Zeit?

Die Methoden sind anfangs zeitaufwendig, aber langfristig sparen Sie Zeit und Nerven. Es ist so ähnlich wie das Schreiben eines Einkaufszettels. Es spart im Supermarkt Zeit und minimiert die Wahrscheinlichkeit, dass Sie nochmals zurück müssen, weil Sie etwas vergessen haben.

Was ist mit sehr jungen Kindern oder solchen mit besonderen Bedürfnissen? Was ist mit kulturellen und geschlechtsspezifischen Unterschieden?

Die Interaktionsprinzipien sind auf alle Alters- und Menschengruppen und Situationstypen übertragbar. Es geht darum, bestimmte Basisfähigkeiten an die jeweiligen Bedürfnisse anzupassen. Respekt für das Kind ist der gemeinsame Nenner.

Was ist, wenn mein Partner die in diesem Buch beschriebenen Fähigkeiten nicht einsetzt?

Sie funktionieren dennoch für Sie und Ihr Kind. Außerdem lernen Menschen sehr stark durch Vorleben, sodass es gut möglich ist, dass Ihr Partner sich in dieselbe Richtung entwickelt, wenn Sie am wenigsten damit rechnen.

Warum sollte man Kinder ermutigen, sich mit „negativen" Gefühlen zu beschäftigen?

Paradoxerweise ist der unterstützende Umgang mit unangenehmen Gefühlen der beste Weg, einem Kind zu helfen, diese hinter sich zu lassen und mehr Freude zu verspüren.

Ist es in Ordnung, mit verschiedenen Kindern unterschiedlich umzugehen?

Ja, Kinder sind Individuen mit individuellen Bedürfnissen und Eigenschaften. Zudem ruft jedes Kind andere Eigenschaften in uns Eltern

ANHANG 2. HÄUFIG GESTELLTE FRAGEN

hervor. Wenn meine Schwestern und ich unsere Kindheit miteinander vergleichen, erscheint es manchmal, als ob wir komplett verschiedene Eltern gehabt hätten!

Kann ich diese Methoden auch im Umgang mit meinem Partner, meinen Freunden und Kollegen benutzen?

Ja, natürlich! Bitte tun Sie es. Besuchen Sie meine Website unter www.kommunikation-kristallklar.de für weitere Veröffentlichungen und Unterstützung, die ich in anderen Bereichen anbiete.

Wie mache ich von hier aus weiter, nachdem ich das Buch gelesen und die Übungen gemacht habe?

Dies sind Fähigkeiten für das gesamte Leben. Das bedeutet, dass Sie Ihr Leben lang an deren Verbesserung arbeiten können. (Egal wie viele Einheiten meine Kurse beinhalten, sagen die Teilnehmer, dass sie mehr Stunden möchten!)

Es ist auch nützlich, sich mit anderen Eltern zusammen zu tun, um konkrete Situationen zu analysieren, vor allem dann, wenn es nicht so gelaufen ist, wie Sie es gerne gehabt hätten. Das erneute Lesen dieses Buches zu einem späteren Zeitpunkt kann sinnvoll sein, weil Sie die Informationen anders verarbeiten werden, wenn Sie bereits mehr Erfahrung besitzen. Wenn Sie Information gleich von der Quelle haben möchten, dann gehen Sie auf meine Website und halten Ausschau nach kostenlosen Tipps oder schicken Sie mir Ihre Fragen per Email.

Ich habe mein Bestes gegeben, habe aber immer noch Schwierigkeiten mit manchen der neuen Fähigkeiten. Was sollte ich tun?

Sie können unserem Forum beitreten (siehe Website für weitere Informationen) oder mir eine Email mit Ihren Fragen schicken.

Was kann ich tun, wenn nichts zwischen meinen Kindern und mir funktioniert?

Neben der Unterstützung in einer Elterngruppe oder durch einen Berater können Sie mit mir per Email eine persönliche Betreuung vereinbaren.

Was sollte ich zu diesem Thema sonst noch lesen?

Statt konkrete Empfehlungen zu geben, ohne Sie oder Ihre spezifischen Bedürfnisse zu kennen, schlage ich vor, die entsprechende Abteilung im Buchhandel zu durchforsten – in einem Laden oder im Internet. Immer wenn ich dies mache, stechen mir einige Bücher besonders ins Auge, je nachdem, was mich gerade besonders interessiert und was ich gerade brauche. Zusätzlich lohnt es sich, Bücher über gutes Selbstmanagement (z.B. Ernährung und Bewegung) anzusehen. Je besser ich für mich selbst sorge, desto besser kann ich für andere Menschen da sein; das weiß ich aus eigener Erfahrung.

ANHANG 3. KINDER BENOTEN IHRE ELTERN

Bei dieser kleinen Untersuchung (27 Teenager und 16 Erwachsene) ging es um die Qualität der aktuellen Beziehung von Schülern der Jahrgangsstufe 11 zu ihren Eltern sowie der Beziehung von Erwachsenen zu deren Eltern, auf die eigene Kindheit zurückblickend. Wichtig war hierbei, Informationen von Personen zu sammeln, zu denen ich keinerlei berufliche Verbindung hatte. Es ging nicht darum, eine groß angelegte wissenschaftliche Studie anzufertigen.

Sechzehn Aussagen waren aufgeführt (siehe die nächsten beiden Seiten), mit einer numerischen Bandbreite für die Antworten. Zusätzlich wurde jeder Teilnehmer gefragt, was das Beste an den eigenen Eltern war und was die Eltern jeweils besser hätten machen sollen. Die Untersuchung wurde schriftlich und anonym durchgeführt. Lediglich das Geschlecht und das Alter wurden erhoben. Jeder Teilnehmer hat einen separaten Bogen für seine Mutter und seinen Vater ausgefüllt.

Für den Fall, dass Sie gerne selbst Ihre Antworten niederschreiben möchten, bevor Sie sich meine Ergebnisse anschauen, können Sie die nächsten beiden Seiten dafür verwenden. Die Skala reicht von null bis zehn, wobei null die schlechteste Bewertung und zehn die bestmögliche Bewertung darstellt.

Die Untersuchungsergebnisse finden Sie auf den letzten beiden Seiten. Tabelle 1 zeigt die Bewertungen, die die Teenager ihren Eltern gegeben haben und Tabelle 2 die Bewertungen, die die Erwachsenen ihren Eltern gegeben haben. In beiden Tabellen sind die Bewertungen für jede Geschlechtskombination aufgeführt (beispielsweise wie Mädchen ihre Mütter bewertet haben). Der Durchschnittswert für jede Geschlechtskombination ist ebenfalls aufgeführt.

In beiden Gruppen wurden die Beziehungen zwischen Vätern und Töchtern am schlechtesten bewertet. In beiden Gruppen wurden die Mütter sowohl durch die Töchter als auch durch die Söhne besser bewertet als die Väter.

KOMMUNIKATION – KRISTALLKLAR   IHRE BRÜCKE ZUM KIND

Mutter

(schlechteste Note)   (beste Note)

0   1   2   3   4   5   6   7   8   9   10

Note:

1. Meine Mutter hatte genug Zeit für mich. ___

2. Meine Mutter interessierte sich für mich und mein Leben. ___

3. Ich konnte mich auf meine Mutter verlassen. ___

4. Meine Mutter behandelte mich mit Respekt. ___

5. Meine Mutter schätzte meine Meinungen. ___

6. Ich halte meine Mutter für ein gutes Vorbild. ___

7. Meine Mutter war aufrichtig und ehrlich. ___

8. Von meiner Mutter bekam ich genug Unterstützung. ___

9. Ich konnte meiner Mutter meine Gefühle mitteilen. ___

10. Meine Mutter respektierte meine Privatsphäre. ___

11. Sie gab mir das richtige Maß an Verantwortung und Freiraum. ___

12. Es herrschte eine positive Atmosphäre, wenn meine Mutter da war. ___

13. Ich wurde von meiner Mutter intellektuell und künstlerisch gefördert. ___

14. Meine Mutter legte Wert auf körperliche Gesundheit (Ernährung, Bewegung, Einstellung zu Drogen usw.). ___

15. Meine Mutter liebte mich. ___

16. Meine Mutter akzeptierte mich so, wie ich war. ___

ANHANG 3. KINDER BENOTEN IHRE ELTERN

Vater

(schlechteste Note)   (beste Note)

0   1   2   3   4   5   6   7   8   9   10

Note:

1. Mein Vater hatte genug Zeit für mich. ___

2. Mein Vater interessierte sich für mich und mein Leben. ___

3. Ich konnte mich auf meinen Vater verlassen. ___

4. Mein Vater behandelte mich mit Respekt. ___

5. Mein Vater schätzte meine Meinungen. ___

6. Ich halte meinen Vater für ein gutes Vorbild. ___

7. Mein Vater war aufrichtig und ehrlich. ___

8. Von meinem Vater bekam ich genug Unterstützung. ___

9. Ich konnte meinem Vater meine Gefühle mitteilen. ___

10. Mein Vater respektierte meine Privatsphäre. ___

11. Er gab mir das richtige Maß an Verantwortung und Freiraum. ___

12. Es herrschte eine positive Atmosphäre, wenn mein Vater da war. ___

13. Ich wurde von meinem Vater intellektuell und künstlerisch gefördert. ___

14. Mein Vater legte Wert auf körperliche Gesundheit (Ernährung, Bewegung, Einstellung zu Drogen usw.). ___

15. Mein Vater liebte mich. ___

16. Mein Vater akzeptierte mich so, wie ich war. ___

KOMMUNIKATION – KRISTALLKLAR   IHRE BRÜCKE ZUM KIND

TABELLE 1: Jugendliche benoten ihre Väter und Mütter

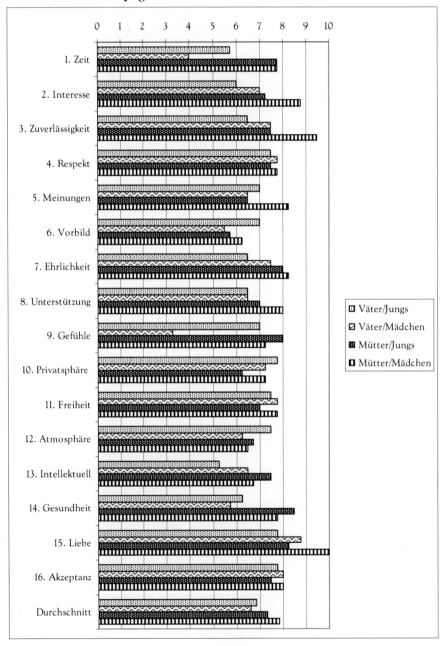

ANHANG 3. KINDER BENOTEN IHRE ELTERN

TABELLE 2: Erwachsene benoten ihre Väter und Mütter

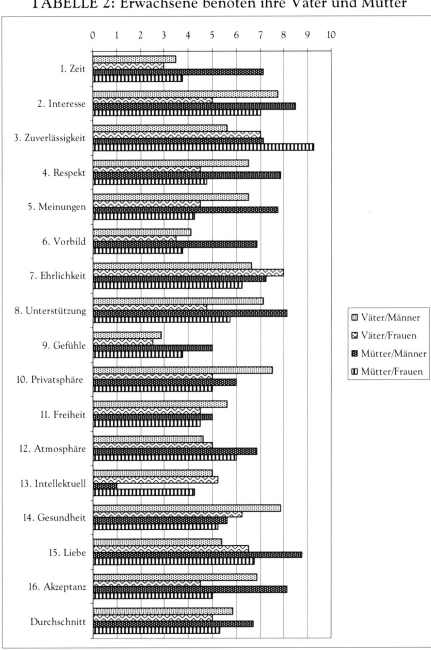

KOMMUNIKATION – KRISTALLKLAR   *IHRE BRÜCKE ZUM KIND*

NOTIZEN

KOMMUNIKATION – KRISTALLKLAR   *IHRE BRÜCKE ZUM KIND*

NOTIZEN

KOMMUNIKATION – KRISTALLKLAR   *IHRE BRÜCKE ZUM KIND*